AF275865

Ernst Jünger

Guillermo Mas Arellano

Ernst Jünger
y la tradición sapiencial
en la crisis del mundo moderno

sequitur

sequitur [sic: *sékwitur*]:
Tercera persona del presente indicativo del verbo latino *sequor*:
procede, prosigue, resulta, sigue.
Inferencia que se deduce de las premisas:
secuencia conforme, movimiento acorde, dinámica en cauce.

© Guillermo Mas Arellano, 2025

© Ediciones sequitur, Madrid, 2025

Todos los derechos reservados

www.sequitur.es

ISBN: 978-84-129818-3-4
Depósito legal: M-9638-2025

Hecho en Madrid

Ernst Jünger
(Heidelberg, 1895 - Riedlingen, 1998)
retratado hacia 1950

La Tradición Sapiencial en la crisis del Kali-Yuga

¿Qué es la Modernidad? Una crisis histórica del pensamiento que se tornó especialmente disolvente en los últimos compases del siglo XIX, así como en la primera mitad del siglo XX. Por eso mismo a los hijos del siglo XXI dicha crisis sólo puede parecernos algo viejísimo, obsoleto, por cuanto irrumpió hace siglos en Occidente, como un agente vírico malicioso y de procedencia extranjera, interrumpiendo toda una ontología transcrita por Aristóteles y sus discípulos y reintroducida posteriormente en la Edad Media a través de los musulmanes y de algunos destacados teólogos como San Alberto Magno o Santo Tomás de Aquino, y que estalló en mil pedazos con la llegada del cartesianismo, el iluminismo y el racionalismo cientificista propio de la física y la matemática materialistas.

Se estipula que, desde una cosmovisión tradicional, el Kali-Yuga, esa "Edad Sombría" detectada por la cosmovisión hindú, en realidad comienza en el propio siglo VI a.C., cuando el saber órfico y pitagórico de los indoeuropeos, a su vez deudor del secreto arquitectónico de los egipcios que más tarde cristalizará en el oficio de los constructores de catedrales del medievo europeo, pasa de los símbolos y números a la palabra escrita, certificando así el progresivo cierre de las sociedades tradicionales en todo el mundo. Sólo hay una Tradición, pues, si bien se encuentra diseminada bajo distintas manifestaciones culturales a modo de distintas máscaras de lo divino. ¿La razón por la que tras esa aparente heterogeneidad late en realidad un único sentido oculto? Que sólo existe una metafísica, una Verdad, una única belleza impresa en la Naturaleza profunda de lo real, en la diversidad que remite a un mismo Uno latente en toda forma de vida.

La doctrina de Lao-Tsé y la filosofía de Platón surgen de esa degradación ampliamente extendida y coincidente en el tiempo con la difusión del saber escrito por encima del conocimiento estrictamente oral, a pesar de que dichas enseñanzas plagadas de *Sophia Perennis* aún guardarían una cantidad importante de Misterio, como todavía se verá en Eleusis. Apenas unos siglos más tarde, ese mismo "mundo clásico" occidental se verá reducido a doctrinas contra-iniciáticas, como el estoicismo, el cristianismo o, más adelante, el neopaganismo que derivará en la teosofía de Madame Blavatsky, esto es: sistemas de pensamiento que han alentado la secularización progresiva, dado que, como afirmara René Guénon, "El espíritu específicamente moderno no es más que el espíritu anti-tradicional". El Mundo Moderno carece, pues, de principios autónomos, por lo que ya desde sus cimientos puramente nihilistas se basa en la radical negación de lo anterior, legitimando su identidad sobre la implacable destrucción del mundo de la Tradición Sapiencial.

Una segunda cesura histórica se encuentra en el Renacimiento, donde las traducciones realizadas por Marsilio Ficino, más tarde completadas por su aventajado discípulo Giovanni Pico della Mirandola, de, respectivamente, Platón, Hermes Trismegistos y Plotino, entre otros, por encargo de Cósme de Médici, suponen una auténtica revolución intelectual en Occidente. Paralelamente a este instante, la doctrina de Thritenius fue transmitida a Paracelso, que se la enseñó a Cornelio Agrippa, maestro a su vez de Giordano Bruno, quemado en la hoguera por la Iglesia Católica en el año 1600, cuando el saber mágico del conjunto de Occidente quedó apresado en las manos de una oligarquía ocultista.

No mucho después de los asesinatos de Pico y Bruno, Valentín Andrae escribe sus *Fama Fraternitatis*, sobre la que se funda la Orden de la Rosacruz en la ciudad de Tubinga. De esa forma, la Doctrina de la Mano Derecha, fundamentada en la enseñanza del dios Thoth-Hermes en torno al culto de Isis y Osiris, comenzará a perder peso dentro de las tradiciones exotéricas de Occidente, fundamentalmente cristianas, y a cambio se extenderá la Doctrina de la Mano Izquierda, el sendero siniestro consagrado al dios Seth y a la figura de Saturno, más enfocado a reivindicar la oscuridad y a poner en entredicho las verdades comúnmente aceptadas.

Las Ciencias Sagradas proponen un matrimonio entre el Cielo y la Tierra. Los estudios de lo oculto derivados del Renacimiento se basan en ritos mágicos, transformaciones alquímicas, saberes relativos a la geometría, la numerología y la astrología, los signos zodiacales y los jeroglíficos egipcios… Allí coinciden esos conocimientos de lo oculto con el estudio de las ciencias profanas (Newton, Kepler, Copérnico, Galileo, etcétera), porque para esta oligarquía de lo oculto conocer el mundo natural es la única vía de aproximación al mundo sobrenatural. Hoy, sin embargo, vivimos en el triunfo de la Ciencia Profana, al fin libre de su contrapunto metafísico y coincidiendo con el olvido, por parte de nuestras élites depauperadas a todos los niveles, de la Ciencia Sagrada, y es por esa razón que mientras la apocatástasis, esa "restauración de todas las cosas", aparece cada vez más lejana, hay todo un conocimiento sapiencial amenazado por una forma más amenazadora aún de oscurecimiento.

Ningún autor del siglo XX encarna, como Ernst Jünger, la resistencia contra la propia época. Su obra es un talismán que permite salir a conveniencia del terrible curso de la Historia. Su tema, al fin y al cabo, era el exilio interno, que representó a través de los personajes principales de sus novelas: al término de *Sobre los acantilados de mármol* (1939) y de *Heliópolis* (1949) se produce una huida, cuando las defensas ceden, para tratar de sobrevivir en otro territorio distinto de aquel donde se encuentra un hogar ya insalvable. Este símbolo, como todos los demás de su obra, no es casual.

Con independencia de los azares de nuestro avatar exterior, la obra de Jünger es, con sus tomos de diarios destacándose sobre lo demás, un llamado a la resistencia interior, cuyo núcleo debe estar orientado más allá de toda contingencia o grado material, puesto que el "corazón aventurero" es aquel que se constituye con el norte puesto en lo eterno. Anclados en lo esencial, como su Lucius de Geer, es como más podemos hacer por defender los "acantilados de mármol" de aquellos "titanes" y bárbaros que pugnan por su asalto: "Lo que hay que hacer no es hablar de tradición, sino crearla".

En ese sentido, creo que la filosofía jüngeriana viene a restituir, paralelamente a la obra de su compatriota Martin Heidegger, una *gnosis* puramente germánica, si bien no menos universal por ello, que empieza con Wolfram von Eschenbach, continúa con Johann Wolfgang von Goethe y Richard Wagner, sigue con Friedrich Nietzsche y Friedrich Hölderlin, y que culmina con Rainer María Rilke y Hugo von Hofmannsthal hasta terminar de conformar con Oswald Spengler una "cultura de la crisis" que, en realidad, no hace otra cosa que actualizar un conocimiento iniciático para una "tierra del ocaso del ser" (*Abendland*) donde se empieza anticipar la llegada de un nuevo ciclo.

Nadie puede negar que el "hombre fáustico" es, de por sí, pura "voluntad de poder", una encarnación perfecta de los valores sintetizados bajo la denominación de "nihilismo"; sólo que Jünger, en tanto que gran lector y continuador de sus maestros, de los que heredó desde su interés por la botánica y las pequeñas formas de vida a la confianza en toda forma de poesía (en su caso: la novela) como profunda síntesis del pensamiento filosófico y religioso anterior, la figura del "anarca" o incluso del "trabajador" encarna mejor que ningún otro arquetipo una superación que hoy llamaríamos "aceleracionista" de ese mismo prejuicio.

Este es el principal problema que subyace a toda la obra de Jünger y que él mismo expone en *El paso de la línea*: "El hombre libre se encuentra en la obligación de preguntarse, aunque no sea más que por salvar su propia vida, cómo se va a comportar en un mundo en el que el nihilismo se ha convertido no sólo en la característica dominante, sino, lo que es peor, en el estado normal. Que una reflexión tal sea en adelante posible, es entonces el primer rasgo de un tiempo mejor, de un alumbramiento, de una visión que alcanza más allá de los dominios de las obsesiones todopoderosas".

Con esto, propone volver a la comprensión cíclica de la Historia, la visión propia de Heródoto, en contraposición a la mirada cerril y unidireccional del hombre moderno, incluido el materialismo histórico del marxista. Jünger es un defensor heroico de valores perdidos, un guardián del crepúsculo que se ha ocupado de la Tradición con mayúsculas sin desmerecer un segundo a los grandes retos y descubrimientos que su tiempo le ha llevado a la puerta. Por eso supo ver, en los años 30, que el futuro de la humanidad pasaba por un abrazo a la técnica otorgado por su figura más futurista y todavía inexplorada: el "trabajador".

Lo importante no es centrarse en un término que erradamente se podría asociar al socialismo de su tiempo, quizás por la importantísima mediación de Ernst Niekisch, sino al concepto que lo acompaña: "A las figuras auténticas se las reconoce en lo siguiente: es a ellas a las que podríamos dedicar la suma de todas nuestras fuerzas, es a ellas a las que podemos rendir la más alta de nuestras veneraciones y es contra ellas contra las que podemos dirigir el más extremado de nuestros odios. Puesto que las figuras albergan dentro del sí el todo, demandan el todo. Y así ocurre que el ser humano, al descubrir su figura, descubre al mismo tiempo su propia misión, su destino; tal descubrimiento lo capacita para el sacrificio, el cual alcanza su expresión más significativa en la ofrenda de la sangre" (*Der Arbeiter*, 1932).

Sobre el burócrata y el estadístico se eleva la "persona singular", una natural "jerarquía de figuras". Hoy, casi un siglo después de que una noción tan abierta al futuro como la de "trabajador" se apuntalara en unos términos que siguen siendo revolucionarios, podemos afirmar sin lugar a la duda que es esa "cultura de la crisis" integrada por Spengler, Heidegger y el propio Jünger constituye lo mejor de la época. Porque la tarea jüngeriana, todavía pendiente, consiste en volver a reconciliar lo que al hombre moderno le parece fragmentado: "Idealismo o materialismo: esta es una antítesis propia de espíritus poco limpios, una antítesis propia de espíritus cuya capacidad imaginativa no está a la altura ni de la Idea ni de la Materia".

La salida de "lo fáustico", del "nihilismo voluntarista", está en una reintegración de la "persona singular" dentro de un mundo donde la técnica y el material humano vuelvan a estar en equilibrio: la figura del "trabajador". Y esa es la línea marcada por Parzival, por la búsqueda de un Grial interior que concilia el principio masculino con el femenino, el realismo con lo onírico, aquello que otro gran pensador de su tiempo, el suizo Carl Gustav Jung, denominó como "*Ánima*" y "*Ánimus*". Porque el mismo dios que nos ha dado el poder de lamentarnos es aquel que vendrá a salvarnos al término de un eón. El culmen de la tan cacareada "transvaloración de todos los valores" es una recuperación del *ethos* común: ahí es donde se anticipa el paso del protestantismo al catolicismo en Jünger.

Esa verdad interior, que Jünger pretendió custodiar es la de un "realismo heroico" y onírico nacido de la guerra, de la destrucción y la anarquía, que busca una libertad nueva para un tiempo nuevo y con una aristocracia meritocrática, por medio de la reivindicación del trabajo ejercido por la "persona singular", de la figura que toma conciencia del Destino y la Historia. Frente al sacrificio demandado por un Poder y una Técnica que entienden al ser humano como un medio y no como un fin, Jünger destaca que los muertos de la Primera Guerra Mundial (IGM) perecieron por un significado superior, que se refiere tanto al futuro como a la Tradición.

Escribe el alemán: "Cuanto mayor es el cansancio de las personas singulares y de las masas, tanto más grande se vuelve la responsabilidad, la cual es cosa de pocos. No hay salidas, no existen caminos marginales ni vías de retroceso; antes por el contrario, es preciso incrementar el ímpetu y la velocidad en que nos encontramos inmersos. Y ahí es bueno vislumbrar que detrás de los excesos dinámicos de nuestro tiempo hay un centro inmóvil". En eso consistía el cambio de valores: hay que sustituir "la libertad de" por "la libertad para", ya que así lo que demanda el "trabajador", con la misma potestad y capacidad de mando que encontramos en una orden caballeresca medieval.

La crisis se hace patente en la propia aceleración que, para Jünger, nos sacará de ella: "La aceleración vertiginosa con que están cambiando no sólo la sociedad y el Estado, sino también la Naturaleza animada y la inanimada, permite sospechar unas causas que no cabe explicar satisfactoriamente ni a partir de la evolución histórica ni tampoco a partir de la evolución humana. Cambian no sólo las relaciones, cambia también el fondo común". Estado o Trabajadores, Sistema o Pueblo, esas son las dicotomías reales en las que aún hoy se juega el futuro de Occidente: con la irrupción histórica de una figura sin miedo a la muerte la cultura de la crisis alcanza su necesario final.

El concepto de Modernidad

Diferenciar al pensador del poeta es una tarea inútil, además de absurda, que preferimos dejar para los taxidermistas profesionales de la letra muerta. Ejemplo imponente de hasta qué punto algo así resulta absurdo es Charles Baudelaire, autor de *Las flores del Mal* (1857), además de traductor y difusor de la obra de Edgar Allan Poe en Europa amén de, finalmente, creador del concepto de "*modernité*", que aparecería como un término despectivo en una crítica de arte publicada en el año 1863: "La modernidad es lo transitorio, lo inaprensible, lo fugitivo, lo contingente, la mitad del arte, donde la otra mitad es lo eterno y lo inmutable". Se debe añadir, con la mente puesta en los ya mencionados profesionales de la letra muerta, que la Modernidad tiende a crear "Paraísos Artificiales".

Además del citado concepto de "*modernité*", ese lector continuo del "reaccionario" francés Joseph de Maistre nos señalará su reverso más evidente: el "*spleen*", que es precisamente la melancolía de esa "otra mitad" que se encuentra dejada de lado con el avance de la Modernidad. El último libro de Poe fue una cosmogonía titulada *Eureka* (1848), cuyo subtítulo reza, precisamente, "un poema en prosa", en el que el autor norteamericano trata de hallar la redención en los más abyectos recodos de la miseria urbana: "Lo que aquí propongo es verdadero; por lo tanto, no puede morir; y si de alguna manera terminase por morir, nacerá de nuevo a la Vida Eterna".

Tanto Poe como Baudelaire son poetas cristianos (y no cristianos poetas) … Y lo son en una escala difícilmente parangonable que los equipara sin necesidad de jerarquía a Dante Alighieri y Juan de la Cruz y muy pocos más dentro de esta categoría, puesto que todos ellos se demuestran tan fantásticos y tan visionarios en sus respectivas perspectivas proféticas como antes el propio Juan de Patmos, patrón de los místicos en cuya enigmática revelación cifrada en el Apocalipsis se halla la certeza de ese mismo renacer del espíritu con el que se cierra el prólogo de *Eureka*.

Igual que T.S Eliot o Paul Valéry, por citar a dos poetas que se mueven en las mismas coordenadas teológicas de

17

Poe o Baudelaire, este último desplegará en su obra todo un conjunto de imágenes, temas y motivos en los que quedará cifrado el lugar de la Modernidad dentro de la Historia; o, dicho en un lenguaje algo más simbólico, la entrada y la salida del laberinto metapolítico en el que nos hemos visto atrapados de forma especialmente lacerante a partir del auge de la burguesía güelfa en Occidente.

¿Y cómo es que, a pesar de la consabida *catábasis* y del acongojante vislumbre infernal, todavía cabe la esperanza en estos autores? Porque para el paseante tocado por el beso agridulce del "*spleen*" aún queda la posibilidad de entrever a una Leonora o Berenice entre las ruinas humanas de la "multitud" contemporánea. De la aparente oposición entre decadencia y belleza es que nace la poesía, como más tarde supo ver Martin Heidegger: "En la lucha se conquista la unidad de mundo y tierra, y ambas permanecen juntas en la unidad de la obra de arte. Todo arte es esencialmente poema".

Esa misma Belleza de la que hablamos no se revela, sin embargo, por medio de una visión pacíficamente beatífica, sino en los acelerados compases del *Sturm und Drang* adaptados a una época llena de imaginación surrealista y afán dadaísta: es una mirada apocalíptica sobre todas las cosas. En esa soledad llena de símbolos y grafías, el poeta reconoce una falta que pasa desapercibida para la "multitud": es la ausencia desgarradora de la "otra mitad" que todos perdemos al momento de nacer, si bien sólo unos pocos intuyen después de ese momento. Sin esa paradójica constatación íntima, personal y en buena medida incomunicable de lo perdido no podríamos imaginar al yo lírico que reza, por medio de la poesía, anhelando el fin de la "Modernidad".

La "Modernidad" pone de relieve la amenaza constante de nuestro espíritu frente al avance del nihilismo; pero, al tiempo, eleva la magnitud de la paradoja cuando nos permite constatar, sin tiempo para reponernos del asombro, que erigimos nuestro Ser, su acendrada potencia existencial, precisamente contra ese avance nihilista de lo moderno en el mundo exterior. Hoy más que nunca, desde que cayó Roma, vivimos al borde de un acantilado... Aunque en el fondo esa misma metáfora es extensible a cualquier ser humano de cualquier tiempo, puesto que la muerte, que acecha imprevisible en cada esquina, puede asaltarnos en el instante más inesperado, sin previo aviso, apagando igualmente las precarias luces de nuestra frágil existencia. Aprender a vivir con el espíritu enaltecido por la esperanza y el realismo, pero manteniendo la mirada clavada en esa perspectiva de muerte, es la máxima aspiración para una Civilización.

El poeta encuentra en soledad y lejos del codicioso bullicio de la urbe un entorno interior de resistencia, donde lo sacro emerge conforme se va produciendo un progresivo distanciamiento con respecto a lo profano. La mirada apocalíptica no se perfila hacia el regocijo destructor, sino que se orienta hacia la revelación prometida que, en términos puramente históricos, no puede tardar mucho tiempo en arribar. A ese estado en el que se juega la relación profunda del hombre con el mundo, que se debe calificar de "esperanzado" (por cuanto es "de espera" y no acaba sino en la propia espera de lo eternamente postergado), Heidegger lo llamó "la llamada de la conciencia"; y a la escucha profunda de esa misma "llamada" se accede antes por el órgano interno del corazón que por el órgano físico del oído.

Para Arthur Schopenhauer, la vida constaba de dos polos: el aburrimiento y el dolor; por eso Fernando Pessoa dejó escrito: "Prefiero la angustia al aburrimiento". Una tentativa de lucha vitalista frente a las usuales enfermedades de lo existente: el tiempo, la decadencia, el amor, la pérdida, el olvido… Esas que concluyen por acabarnos: a los hombres igual que a todo el entramado de significados que durante siglos han extendido, como esa araña que teje una red para desplazarse por el mundo. ¿Qué puede ocultar esa "la llamada de la conciencia" heideggeriana a la que hacemos alusión? Nada más y nada menos que esto: el despertar a una existencia auténtica. Como toda revelación, la muerte, en tanto que reflejo microcósmico del Apocalipsis macrocósmico, aguarda a un estadio interior del Ser para abrir su significado.

Es la aguda llamada de la muerte lo que nos debe sincronizar con las irrenunciables demandas del corazón, ya que no hay lugar para la pasividad frente al descubrimiento de la "Modernidad": en el peligro de esa realidad física existe la posibilidad de un despertar, incluso de una revelación, aguardando en el fondo del *Dharma* interior. El "*spleen*" mundano será, pues, el yunque sobre el que se edificará una llamada del futuro donde, contra lo que ofrece el presente histórico, por fin tendrá cabida una salida vertical del laberinto, una vuelta hacia la luz creadora del primer día.

En la larga Decadencia de Occidente

Cumplido el primer cuarto del presente siglo se hace posible constatar cómo los hijos de la Modernidad estamos varados, desde un punto de vista bien asentado en la teleología histórica, en la orilla de una isla desierta, consumida, vacía y abandonada en su árido y recóndito terreno, recogiendo pecios y demás demoliciones derivadas de un incruento naufragio, añorando entre restos de un pasado ajeno la imaginería de otro pasado distinto al nuestro, quizás ficticio y puede que también mejor, anterior al trayecto fatal de nuestra última travesía…

Desde la célebre Caída del Imperio romano de Occidente (476) en adelante y, sobre todo, desde la Caída de Constantinopla (1453) hasta nuestros días, vivimos una aceleración histórica que, paradójicamente, sigue anclando sus preceptos fundamentales en un período previo. Atrapado en el denso vientre de la ballena, Jonás compartiría este diagnóstico: una civilización que desarrolla disciplinas como la arqueología en realidad manifiesta una renuncia previa a vivir un tiempo presente, a proyectarse en cualquier futuro distinto de la extinción, igual que un viejo ya no vive de nuevas experiencias, sino de un suministro compuesto por recuerdos del pasado.

Esta conclusión se hace patente de forma extraordinariamente tangible a lo largo del último siglo y medio; no por casualidad la cultura europea de la crisis alcanzó su cúspide filosófica en el así llamado "período de entreguerras" (1918-39), reacción casi física del viejo continente ante la pérdida del Imperio Austrohúngaro. Con la desaparición de esa excelsa, sublime "*Mitteleuropa*" que hoy añoramos, se abrió una crisis del espíritu europeo en cuyas laberínticas espirales aún seguimos atrapados: ni el arte ni el pensamiento contemporáneos han sabido recrear con eficacia una visión unitaria del mundo. A partir de ese momento, pasando por el desmembramiento de la URSS y de Yugoslavia en 1991, la paulatina disolución de la cosmovisión ("*Weltanschauung*") no cesará... Hasta terminar de ser reintegrada por la mal llamada Unión Europea.

Se trata de un proceso trágico que, desde dentro, se vive con incomprensión, angustia y dolor... E incertidumbre acerca de la hipotética última revelación que venga a clausurar el actual ciclo, acerca de qué "titanes venideros" nos deparará el próximo. En obras como *La decadencia de Occidente* (*Der Untergang des Abendlandes*, 1918-23), primero, y en *En el muro del tiempo* (*An der Zeitmauer*, 1959), más adelante, quedó patente una más que justificada preocupación de signo eminentemente cultural por cuestiones acuciantes de aquel y también de este tiempo: el Progreso, la Técnica, el Agotamiento y la Masa, entre tantos otros asuntos, como horizonte inmediato de futuro para una Tradición casi aniquilada que se remonta en sus orígenes hasta Heródoto, quien a diferencia de la escuela historiográfica propia de la Modernidad, basó sus conclusiones en los mitos, desligando con ello el tiempo occidental en dos secciones: una flecha rectilínea y una recursividad cíclica.

En su libro *El trabajador* (*Der Arbeiter*, 1932), Ernst Jünger detectó un nuevo orden social y sobre todo metafísico posterior al burgués, una resignificada comprensión del papel de Occidente en la Historia, todo ello nacido de las trincheras posteriores a la IGM, ahí donde el peligro se convirtió en un rito iniciático de muerte y renacimiento para mejor arrancar al individuo del lodazal putrefacto en el que hasta entonces chapoteaba: la masificación indiferenciada, la robotización autómata. De alguna forma, se trata de volver a la comprensión cíclica del citado Heródoto, en contraposición a la mirada cerril y unidireccional del hombre moderno, una visión inundada por "la luz de la Aurora", según la pluma jüngeriana, que merece tal designación porque hunde sus raíces en "la noche del mito".

En algún punto de la misma década, Martin Heidegger dejó anotado lo que sigue: "¿Cómo ha de alcanzarnos la seña del dios a nosotros, los que aguardamos, si idolatramos lo que es contrario a lo divino? ¿Pero cómo habremos de cejar de semejante práctica si no se nos manifiesta un dios? Ambas cosas tienen que manifestarse e irrumpir al mismo tiempo: el dios y la confusión. Y para que esto suceda, el margen de espacio de tal manifestarse tiene que haber ganado previamente una amplitud y una hondura singulares de la apertura, es decir, se tiene que haber llegado a conocer la verdad de la diferencia de ser y se tiene que haber suscitado la disposición para ella: en esta singular situación de penuria, tenemos que entrar en aquel espacio intermedio para el dios y la confusión, es más, primero tenemos que inaugurarlo y fundamentarlo. Con ello se nos ha venido a encomendar lo más arduo que jamás cupo brindar en la historia del hombre".

El aceleracionismo de los modernos se opone al presentismo calmo de los antiguos; y la nostalgia por un pasado mítico ha sido arrasada por toda una avalancha inasible de imágenes: tal es la distancia existente entre la condescendencia del ilustrado y la seguridad impersonal del símbolo. Jünger detectó como nadie hasta qué punto la aceleración ha crecido de forma más y más exponencial, en apenas unas décadas, "al punto de que la corriente del tiempo y los acontecimientos muchas veces adoptan la apariencia de una cascada que amenaza con arrastrar las naves en lugar de sostenerlas".

Una vez más anota Heidegger: "El hombre actual se persuade a sí mismo de que avanzar acelerándose en el furibundo frenesí de unas maquinaciones que en sí mismas son incapaces de proponerse objetivos constituye un valor un vigor y una fuerza y que en eso consiste la maestría sobre la vida". Este eficaz diagnóstico demuestra con solvencia el eminente fracaso del Progreso y todos los proyectos utópicos (de signo variado) que lleva aparejados consigo, así como el acierto teológico-histórico de la concepción cíclica de los eones, por cuanto señala un proceso de arco descendente en lo referido al *Lógos* occidental. Jünger, como antes Spengler, busca reintegrar al viejo continente en una concepción histórico-mítica, reconduciendo la visión de los historiadores hacia esa extraviada "la luz de la Aurora", pero lo cierto es que seguimos detenidos en la orilla, como antes nuestros maestros más insignes e incomparables, espectadores abrumados por el negro abismo del naufragio.

Casi cien años después de todo aquello, cuando ya pasa un siglo del penúltimo derrumbe, nosotros apenas si llegamos a soñar con la grandeza lírica y la circunstancia histórica de todos estos gigantes del pensamiento, ahora que lo único compacto y estable que resiste es la dúctil inestabilidad propia de una época que se disuelve en un proceso mayor de centrifugación: es "la Edad de Hierro". La literatura fantástica del siglo XIX y la literatura vanguardista del siglo XX componen todavía hoy la evidencia más grande de que el "inconsciente colectivo" ha derivado en un territorio pesadillesco, nocturno, umbrío y vaporoso donde comienzan a emerger nuevas y monstruosas sombras más allá del "corazón de las tinieblas". Tras décadas de crecimiento material en los años finales del siglo XX, los primeros compases del siglo XXI nos han arrojado ante la cruda evidencia de algo que se deshace sin remedio: todo un eón que, como ya se atisba desde el otro lado del muro del tiempo, pronto se verá sustituido.

Una angustia fecunda

Por suerte para nosotros, el Reino de la Cantidad, ese voluntarismo despótico del racionalismo, se vio superado por la Poesía y la Fantasía del Romanticismo alemán… Aunque los contemporáneos de la coyuntura todavía no hayamos despertado a dicha resolución; o, por mejor decir, aunque la técnica, tan en auge estos días por medio de la así llamada "Inteligencia Artificial", no se dé por aludida, empeñada, como lo está, en dominarlo todo sin pararse a pensar, a contemplar, a ser contemplada por el Ser, y a convertirse en Arte con ello. La razón propia del cientificismo, creyendo retirar los límites del universo, en realidad nos ha arrebatado la capacidad de amar y de ser amados en el cosmos; y, con ello, nos ha condenado al exilio de un mundo desencantado y burgués donde todo se rige por la lógica del beneficio y la eficiencia.

Podemos concluir que la pregunta por el origen del ser es, desde el punto de vista del pensamiento filosófico, nuestro presente y, sobre todo, nuestro futuro más acuciante. En esto, como en casi todo lo demás, fue Martin Heidegger quien con mayor hondura entendió la importancia del actual momento en términos netamente metapolíticos: "La metafísica del *Dasein* debe, de acuerdo con su estructura más interna, ahondarse y expandirse a una metafísica del pueblo histórico". Un dilema tan trascendental que sólo puede emanar de la más fecunda de las angustias, tanto en el plano personal como en el colectivo. La propia pregunta, por lo tanto, a través de su mero planteamiento, supone ya una superación dialéctica del problema, un paso de la dimensión teórica al plano de la acción a través de la simple enunciación formal.

Preguntar y, muy especialmente, hacerlo desde una actitud que parte de saber por qué se pregunta (*Das Gefragte*) es la principal vía para transitar desde una "existencia arrojada", desnuda e inauténtica hacia la "existencia angustiada", primero, y auténtica, después, que el filósofo alemán anunció, en continuo diálogo con su *daimon*, con Eros, con más visión de futuro que ningún otro filósofo del siglo XX. La filosofía de Heidegger no pretende otra cosa que habilitar una transfiguración que es tanto metahistórica y metapolítica como a la postre personal: el paso del *Dasein* al *Existenz*, de la angustia a la esperanza, por medio de la aparición de un dios que surgirá de la misma necesidad histórica que tenemos de que una deidad nos salve.

El sentido del ser destaca como la más alta aspiración espiritual e intelectual en el hombre; y es una búsqueda que va implícita en la "pregunta por el origen del ser": una cima del saber que hace devoción de la filosofía. Sólo así uno deja de estar "arrojado a la existencia" (*Geworfenheit*), como lo estamos nosotros en el plano común y en el personal, para a cambio comenzar a desvelar la potencia del ser que en esencia somos. En este mundo hipertecnificado todos somos un "uno", un sujeto más perdido entre "la masa" (*das Man*), atrapados en la coexistencia con otros "semejantes" (*Mitsein*), pero en el fondo ese es sólo el necesario paso previo para la verdadera transfiguración que nos llevará hasta el "ser único", total y necesario de la existencia propia. El contacto con todo límite y toda finitud, con toda resistencia del "no-Ser" y con toda muerte, no es sino un contacto directo con la metafísica.

Lo que nos angustia no es la muerte en sí, sino el más mínimo contacto con el "no-Ser", con la aterradora imposibilidad de la existencia; y que nadie se engañe: esos "estados de ánimo" en Heidegger de los que sabiamente habla Hugo Mújica no son sino escollos psicológicos que evidencian una problemática más honda, de naturaleza ontológica, donde a través del preguntarse se juega la verdadera batalla por la Historia. En el seno del tedio burgués está la clave para su necesaria revelación: es la llamada de la angustia, de una estrechez donde el ser humano comienza a preguntarse y a buscar y, así, a encontrar una salida a la senda yerma de la Modernidad cartesiana, donde por fin comienza el camino que conduje hacia la "existencia auténtica".

El "ser-para-la-muerte" (*Sein-zum-Tode*) parte de una existencia angustiada para alejarse de la masa: "Los dos momentos constitutivos de la curiosidad, la incapacidad de quedarse en el mundo circundante y la distracción hacia nuevas posibilidades, fundan el tercer carácter esencial de este fenómeno, que nosotros denominamos la carencia de morada". La angustia entendida desde presupuestos ontológicos no es otra cosa que una buena disposición para una existencia transfigurada, a través de la creatividad que el "ser para la muerte" se confiere a sí mismo: "La angustia del osado no tolera que se le contraponga a la alegría o al gozo apacible de un vivir afanoso y sosegado. Más allá de tal contraposición late una secreta alianza entre esa angustia y la serenidad y la dulzura del acto creador".

Prosigue: "Si la existencia concreta ligada a su destino existe esencialmente como un estar en el mundo en medio de los otros, su suceder es un con-suceder determinado como destino. Designo con este término al suceder de la comunidad, del pueblo de cada uno. El destino no se compone de destinos singulares agrupados, del mismo modo que el estar con otro tampoco puede ser concebido como la reunión aditiva de varios sujetos. En el estar con otro en el mismo mundo y en la decisión para dar realidad a determinadas posibilidades están de antemano dirigidos los destinos singulares. La condición de destino que tiene la pertenencia de un hombre a su pueblo, en y con su generación, constituye el pleno y auténtico suceder de la existencia".

Como ocurre con todos aquellos que se han preocupado por "la primera pregunta del ser", por la incógnita abierta del origen, el pensamiento de Martin Heidegger nos empuja directamente hacia la realización de una acción en un presente que pronto encarnará en el futuro. Hay en la filosofía heideggeriana un innegable optimismo teleológico, una sensata esperanza escatológica que se hace especialmente patente en la obra de sus más valiosos continuadores, tales como Alexander Dugin; y es que, cansados de repeticiones absurdas y callejones sin salida del espíritu, los hijos del siglo XXI ya sólo atendemos con entusiasmo al anuncio de una novedad venidera presente en el pensamiento del autor de *Ser y tiempo* (*Sein und Zeit*, 1927).

Con toda probabilidad, el de Ernst Jünger es el único nombre que merece estar situado en la lista de los cinco mayores pensadores y los cinco escritores más grandes del siglo XX. Y, probablemente, ninguno de entre esos nueve nombres, contando con que el del alemán se repite en dos ocasiones, pueda reclamar para sí, como en el caso de Jünger, el papel de un testigo necesario para los acontecimientos más fundamentales de su tiempo, que vivió en primerísima fila y con la vista bien dirigida hacia los procesos profundos que sobrevolaban la época, sin perder pie, por ello, gracias a su afán de entomólogo, en las partículas más minúsculas, y que resultan fundamentales a la hora de comprender la Historia.

En su libro *La sociedad tecnológica* (1954), Jacques Ellul, aclamado discípulo de otro pensador francés contrario al desarrolló técnico de la última Modernidad, el gran Bernard Charbonneau, citó a su vez una frase de Jünger que sintetiza muy bien la visión general que el alemán desarrolló, tras más de un centenario en la Tierra, a su paso por la Historia: "La técnica es la verdadera metafísica del siglo XX". Por lo tanto, una tarea fundamental para el hombre de la era moderna, que es un siglo posterior a la realización de dicha máxima, es la doma de la técnica conforme a su voluntad, o de lo contrario será la técnica quien domine al hombre, como vemos que sucede actualmente con el desarrollo de las Inteligencias Artificiales, la Realidad Virtual y demás engendros titánicos.

La técnica como una fuerza fundamental que el hombre emplea para abrirse paso por la Naturaleza, alcanzando la capacidad de mantenerse fiel a sus leyes o de imponerse sobre ellas, a la manera prometeica, es algo que está muy presente en *El trabajador: Dominio y figura* (1923), una de las obras fundamentales de Jünger: "Hay en las relaciones con lo elemental dadas al ser humano unas que son superiores y otras que son inferiores. Las fuentes de lo elemental son de dos especies. Por un lado están en el mundo, el cual es siempre peligroso, como el mar, que siempre encierra dentro de sí el peligro aun en los momentos en que no sopla el viento. Y por otro lado se hallan en el corazón humano, el cual está siempre anhelando juegos y aventuras, odios y amores, triunfos y caídas" (*Der Arbeiter*).

A pesar de que, como pensador, Jünger suele ser menospreciado frente a otros nombres con los que puede medirse de igual a igual, en cuanto que analista de su tiempo y pensador profundamente metafísico, tales como René Guénon, Martin Heidegger o Julius Evola, la creación de dos figuras fundamentales, como la del "trabajador" o en "anarca" bastan por sí mismas para garantizar al autor de *Sobre los acantilados de mármol* (1939) un papel principal en el desarrollo teológico de la época: "Una diferencia más entre el anarquista y el anarca: aquél persigue al monarca como si se tratara de su enemigo mortal, mientras que el anarca mantiene con él relaciones de neutralidad objetiva. El anarquista quiere matar al rey, mientras el anarca sabe que podría matarle... pero tendría que haber para ello unas razones, no generales, sino personales. El anarca puede encontrarse al monarca sin apremio alguno, ya que se considera como el igual de todos, incluso de los reyes".

La coherencia vital e intelectual que Jünger mantuvo a lo largo de toda su vida resulta ejemplar, a un tiempo mezclada y diferenciada de su siglo; ya en su primer libro publicado, *Tempestades de acero* (1920), sujeto a numerosas revisiones posteriores del autor y cuya escritura corre paralela a la de sus diarios de la Primera Guerra Mundial, el alemán decretó la muerte de la cosmovisión burguesa, como correlato de su experiencia directa como testigo y partícipe de una batalla militar y existencial entendida siempre como "vivencia interior" por encima de todo lo demás. Y, paralelamente a la visión histórica de Jünger, destaca un estilo literario que otorga una vida inmortal a sus poderosas descripciones de la guerra, que incluye algunas de las páginas más memorables jamás escritas.

Si algo destaca en la vida y en la obra de ese "sismógrafo de la nada" que fue Jünger, una suerte de ética que late al fondo de su estética, el dominio que conforma su propia figura individual como pensador y escritor, es su mirada fría, desapasionada y objetiva, que le permite elevarse fuera de los marcos impuestos desde el interior de la época, y por eso escribió: "El estilo se basa en la justicia"

(*Radiaciones II*, 1949), para añadir en otro punto: "El buen estilista. Quería escribir 'ha actuado justamente', pero como esta frase no le venía bien, escribió 'injustamente'" (*Strahlungen*, 1942-3).

Ni el vano sentimentalismo ni la artificiosidad estéril tienen lugar en una escritura precisa y medida, poética y expansiva, donde cada adjetivo resulta tan concreto como imaginativo: en eso consiste la tarea del testigo de mil y un batallas. La escritura de Jünger, en ese sentido, resulta tan libre e intransferible como su propia trayectoria vital: "Un escritor que se respete a sí mismo vive junto a su sociedad" (entrevista junto a Franco Volpi y Antonio Gnoli)… Para añadir: "Dando forma a frases durante la mañana y desechándolas, cual alfarero que rompe sus cacharros" (*Radiaciones I*, 1943).

La tensión entre libertad individual y colectivismo, entre la anarquía de un "anarca" que bajo ningún concepto debe ser confundido con el "anarquista" prototípico y la tiranía de la técnica que comenzó a eclosionar tras el final de la IGM, pronto se convirtió en el tema y el rasgo distintivo de la obra de Ernst Jünger, desde la primera de sus obras hasta la publicación de ese legado intelectual insoslayable que es *Los titanes venideros: ideario último* (1996): "El anarca es aquel que no se deja implicar en la dimensión de la técnica: se vale de ella y la explota si le resulta útil, de lo contrario la ignora y se retira a su mundo interior, el mundo de sus lecturas".

Ese mundo interior como bastión de resistencia y, más aún, de contraataque, es el más poderoso mensaje que Jünger dejó para los refractarios del futuro, el deber de la belleza como último y único estandarte de lo humano, un eje vertical en tiempos de avasalladora horizontalidad: "A veces, en los días soleados, me entretengo haciendo pompas de jabón que el viento lleva entre las plantas y las flores. Son para mí una imagen simbólica de la fugacidad, de la inasible belleza". La belleza no sólo es un rasgo de sacralidad enclavado en una realidad mundana, sino que implica una jerarquía social, una aristocracia del espíritu, que no cabe en los parámetros homogeneizadores por los que se rige la masa, siguiendo un criterio que es puramente cuantitativo.

Si hay un espacio resistente al dominio de la técnica y el Estado, del Príncipe de este mundo o "Gran Forestal", ese es el bosque, no entendido como una espacialidad exterior, sino como una dimensión interior del ser. Con la Segunda Guerra Mundial, Occidente inició un sendero que "...desciende hacia los bajos fondos de los campos de esclavización y los mataderos donde los primitivos concluyen con la técnica una alianza mortífera; donde ya no somos un destino, sino sólo un número más. Esto es, tener un destino propio, o dejarse manipular como un número: tal es el dilema que cada uno de nosotros, sin duda, tiene que resolver en estos días, pero sólo él ha de poder decidirlo" (*La emboscadura*, 1951). El actual desarrollo de la técnica, a medias visualizado, y a medias intuido por Jünger, no se debe entender más que como una emanación del desarrollo de la teología que late bajo él: el nihilismo. Por eso el "anarca" destaca, en tanto que guarda de la tradición, de esa sustancia contra la que atenta el propio fundamento del nihilismo, a través del estandarte de la belleza.

Contra ese fenómeno universal que es el nihilismo, la obra de Jünger se demuestra último eslabón de esa gnosis germana que comienza con el *Parzival* (siglo XIII), de Wolfram von Eschenbach, y llega hasta más allá de la versión que Richard Wagner hará del mismo mito con su *Parsifal* (1882), pasando por la creación de una *Weltliteratur* ideada por Goethe, y gracias a la cual siempre será posible soñar con un paisaje interior situado más allá de las ruinas del Kali Yuga: "Sobre todas las cumbres hay calma" (*Über allen Gipfeln ist Ruh´*, 1780), reza para todos y para nadie un poema fundacional grabado en la pared de una cabaña de cazadores al que más tarde pondría música Franz Schubert.

La salida del existencialismo

¿Qué cosa es el "existencialismo" en la literatura? Supongo que, más que un estilo, una trama o un motivo, ante todo es una categoría que se refiere a un tema: la existencia. Ahí queda enunciado el primer problema a la hora de hablar de él: en un artista creativo, la capacidad visionaria, fantástica y fabuladora se despliega desde y hacia lo más profundo de su ser, porque un artista creativo no es otra cosa que un canalizador del "universo arquetípico" que reside en el *Mundus Imaginalis*, en el "imaginal" del que habló Henry Corbin.

Existe una afinidad natural entre las vidas de Meursault, Gregor Samsa y Antoine Roquentin, esto es, entre *L'Étranger* (Albert Camus, 1942), *Die Verwandlung* (Franz Kafka, 1915) y *La Nausée* (Jean-Paul Sartre, 1938). Y no sólo en el papel principal asignado a un protagonista extravagante que se encuentra atrapado en una realidad desconcertante, en un paisaje interior de fuerte desesperación que apenas si contrasta con un exterior desquiciado que pone en cuestión el propio tejido de lo real a través de sucesivas situaciones y encuentros con personajes que sólo invitan a la acedía. También en un mismo problema de sino filosófico que ahora queremos abordar.

Romano Guardini, dejó dicho "Lo que viene del silencio tiene plenitud y riqueza" porque "la vida del espíritu se realiza en su relación con la verdad, con el bien y con lo sagrado". Sólo desde el silencio se puede esperar a que el centro existencial se haga visible, a que se haga patente y ordene la existencia: de esta forma la vida se jerarquiza por medio de la transfiguración; en un callar previo que ordena el hablar, que evidencia el silencio a través de la articulación dialéctica; y, sin embargo, todo acontecimiento en la vida de estos personajes se estanca en una horizontalidad carente de sentido, como si de una cháchara vana se tratara.

Meursault, Gregor Samsa y Antoine Roquentin tratan por igual de hallar significado en los sucesivos acontecimientos que les acaecen; son incapaces de imponer quietud en la riada existencial y, a cambio, son arrasados por la absurda lógica de su propia idiosincrasia, sin vida, ni sustancia, ni posibilidad alguna de plenitud: el sentido de la vida se halla cuando lo fragmentario se funde en lo Uno, permitiendo así atisbar la unidad en lo disperso a ojos del experimentador. Este hallazgo no encierra determinismo alguno, contra lo que pudiera parecer, más bien resulta liberador: en su interior brilla la posibilidad de reconocerse creado y, despertando así el espíritu, en elevarse uno mismo a la categoría de creador.

Al "no hallar compañía" es que surge "la dicha de enmudecer" en la verdad que florece sin porqué: "La verdad es una fuerza, pero sólo cuando no se exige de ella ningún efecto inmediato, sino que se quiere mostrar la verdad por sí misma, por amor a su grandeza sagrada y divina" (Romano Guardini); y esa experiencia de unidad, de verdad, es la que acaba cimentando una seguridad epistemológica en el sujeto, una transformación (o "*metanoia*") de signo eminentemente religioso.

En la "novela existencialista", como ocurre de otra manera en la "novela de terror", la horizontalidad del existir vacío de sentido irrumpe para generar desorden y, con ello, un vértigo en el sujeto. Al no hallar seguridad en la experiencia, sino únicamente vértigo y vacío, el sujeto reconoce que su realidad no es ya aterradora, como ocurriría en un relato de Edgar Allan Poe o Howard Philips Lovecraft, sino absurda, o incluso risible, como acabará explorando Samuel Beckett en su narrativa.

Leamos de nuevo a Guardini: "El cristianismo no es ni una doctrina de la verdad ni una interpretación de la vida. Es esto también, pero nada de ello constituye su esencia nuclear. Su esencia está constituida por Jesús de Nazaret, por su existencia, su obra y su destino concretos; es decir, por una personalidad histórica". También la novela existencialista, que encuentra el absurdo de un "Dios muerto", al negar y despreciar la figura de Cristo, se basa en ejemplos concretos, en personalidades tangibles: el sinsentido busca encarnarse y tener un nombre, para el artista contemporáneo, en la imagen de un relato.

Sin un "centro" existencial, el ser cae en lo opuesto de la transformación: la deformación que constituye el "último hombre" descrito por la narrativa existencialista. Sin embargo, esa postura existencial a la que hemos aludido queda muy lejos de la banalidad propia de las urbes posmodernas: la literatura ve en las cosas una gravedad que la vida difícilmente avala con su trajín cotidiano: ni Camus, ni Sartre, ni Kafka habrían podido imaginar las posibilidades inherentes a la cibernética, las nuevas pseudorreligiones y sus derivados a la hora de circunscribir al ser humano a las zonas más bajas y subpersonales de la existencia.

De entre los tres ejemplos seleccionados, que también consideramos los "canónicos" del género escogido, Samsa va incluso más lejos que Meursault y Roquentin en su experiencia del absurdo: a la ausencia de jerarquía y transfiguración en su existencia se suma una mutación física dominada por la lógica de la inversión. Al saberse convertido en insecto, la seguridad epistemológica ha degenerado en su reverso terrible; pero antes de ese suceso, Samsa ya era alguien estancado en lo laboral, atado a relaciones cambiantes y poco duraderas, con un círculo familiar hostil y traumático dominado por un angustioso sentido del deber, pero a pesar de ello, Samsa ha logrado elevarse sobre el mero ansia de subsistencia material en el que están varados todos los miembros de su entorno familiar y social; aunque, en su búsqueda de sentido, de un trasfondo existencial consistente, sigue siendo materialista y no comprende ninguna posibilidad efectiva del espíritu, por lo que permanece anclada en el territorio restrictivo de lo puramente mental, en el infierno subpersonal de un inconsciente ingobernable que, paradójicamente, reclama a gritos la aparición de un amo.

No existe solución alguna, pues, al estado mental de Roquentin, Meursault o Samsa, dado que sin la vía abierta del espíritu toda posibilidad de sentido queda excluida de antemano. Estos personajes son encarnaciones ficticias de un trasfondo histórico real y tienen un evidente principio de ética encarnada en los principios con los que ellos se resisten a las fuerzas hostiles del entorno en el que habitan y que los asedia injustamente; a pesar de ello, siguen sordos ante el silencio, carecen de una salida estética que logre hacer cristalizar el significado de sus respectivas existencias en una obra: al no poder significar y jerarquizar su entorno, acaban siendo consumidos por él.

Muchos siglos atrás, San Agustín de Hipona ya se anticipó a problemas que el hombre moderno considera de acuciante actualidad: "Si te sientes mudable, trasciende tus límites y adéntrate en el reino de la verdad", "No vayas afuera; entra en tu alma, porque en el hombre interior habita la verdad" y "Esta es nuestra tarea: buscar la verdad". Hoy en día, estos personajes serían confinados al psicólogo y, con toda probabilidad, sometidos a un estricto régimen de medicación. Un psicoanalista diría que sus temores en el fondo ocultan deseos reprimidos, mientras que la realidad es que, como a buen seguro afirmarían los más grandes pensadores del siglo XX, tales como Ernst Jünger, René Guénon, Martin Heidegger y Julius Evola, es la propia preeminencia de lo mental desgajado del espíritu en sus vidas lo que los ata al nivel inferior y subpersonal de la existencia.

Las principales figuras en la obra de Ernst Jünger son las siguientes: "Soldado", "Trabajador", "Rebelde" o "Emboscado" y "Anarca". Estas "figuras", como las llamaba su autor, componen categorías del pensamiento más próximas a la mitología que a la filosofía. Por eso podemos afirmar que, donde Friedrich Nietzsche, siguiendo a Zaratustra, cayó enfermo de locura, abismado por su propia visión de lo inefable, Jünger señala el punto de partida para su obra, a través del concepto de "Persona Singular" (*der Einzelne*) que sabrá concitar sobre sus espaldas, siempre guiado por el ideal heroico, la posibilidad de todas esas figuras vivas en las que se puede cifrar el siglo XX.

La tarea del "Trabajador", esa figura marcada por la frialdad y la distancia de quien está a un tiempo dentro y fuera de la época, situado más allá de toda circunstancia o de la sentimentalidad, es someter aquel rango del cosmos que se encuentra a su alcance bajo un férreo principio de orden. Dicha labor acarrea de forma connatural un dualismo puramente dialéctico que diferencia entre objeto y voluntad, y que acabará por sintetizar la dicotomía en una acción: el dominio entendido como cristalización activa de la potestad humana, en tanto que *hybris* fáustica, sobre la Naturaleza. Más próxima, pues, a ese Nietzsche que se proponía transfigurar la vida que a un Schopenhauer que, antes de él, maldijo la desdicha de haber nacido.

La figura del "emboscado" expuesta en su conocido texto de 1951, es la de aquel que se oculta a la espera de la hecatombe y su posterior "revelación"; en realidad, un hombre que desplaza la actitud heroica hacia una suerte de espera teleológica. Leemos: "El anarca no alimenta esperanzas. No se apoya en nadie más que en sí mismo". Para añadir en otro texto: "La persona singular es hoy igualmente soberana que en cualquier otro periodo de la historia y aún es probable que sea más fuerte que nunca. Pues a medida que van ganando terreno los grandes poderes colectivos va también el ser humano quedando aislado de sus viejas asociaciones, que habían crecido de manera espontánea; de lo único de que el hombre sale garante ahora es de sí mismo. Y es ahora cuando se convierte en antagonista del Leviatán, más aún, en su domeñador, en su vencedor".

Fue en su libro inmediatamente anterior, *Más allá de la línea* (1950), igual que antes había trazado, de forma más abiertamente especulativa en *Heliópolis* (1949), donde Jünger expuso con claridad la idea que late tras esa iluminación: la existencia de una "línea" teleológica incrustada en la Historia donde técnica y nihilismo confluyen en un mismo fuego fatuo que acaba consumiéndose en su propio proceso de expansión y desarrollo. Escribe el alemán: "El instante en que se pasa la línea traerá una nueva donación del ser, y con ello comenzará a resplandecer lo que es real".

En su afán de historiador, a la manera de Heródoto, o de filósofo, en resonancia con Heráclito, Jünger recogió una vieja leyenda para marcar un hito único en el discurrir del tiempo: "Según un antiguo oráculo, el dominio del mundo estaba destinado a quien supiese desatar el nudo gordiano". Hasta que llegó Alejandro Magno y, espada en mano, profanó el misterio dividiéndolo por la mitad, inaugurando así "una nueva consciencia del espacio y el tiempo" derivada de ese infame espadazo con el que Occidente buscó imponerse sobre Oriente, proyectando así un proceso en marcha que hoy conocemos como "mundialización", por medio de la "voluntad de poder".

Sobre este punto el alemán escribe: "Hay una especie de corte transversal paralizador que secciona el nervio de la historia. Con él se extingue la tradición. Los hechos de los Padres ya sólo sobreviven en las representaciones dramáticas o trágicas, pero no en la acción". En ese momento crucial, de metafísica especulativa antes que operativa, es cuando los dioses se retiran y en su lugar surgen los titanes, cuyos medios no diferencian entre mágica y técnica: "La magia evoluciona hasta convertirse en *scienza nuova* que se sirve de la ciencia. La técnica tiene un subsuelo. Es inquietante hasta para sí misma. Está ya cerca de la realización inmediata de las ideas que le advienen en sueños. Parece que ya solo le falta un pequeño paso. Un paso que podría surgir, como de un espejo, del sueño mismo".

En 1989, a los 94 años de edad, Jünger completó el trabajo iniciado con *El nudo gordiano* al publicar un texto titulado *La tijera* donde, ante la magnitud de esa cesura histórica representada por el golpe con la espada de Alejandro Magno, el alemán quiso explorar tanto la transgresión como la oportunidad asociadas a dicha desmesura: "La tijera se mueve abriéndose y cerrándose; el efecto consiste en el corte", como un uróboro que representa el paso de los ciclos, un proceso circular en el que la Naturaleza alumbra y consume, en el que Dios se da a sí mismo en su Creación para perecer en ella. Por eso, en uno de los imaginativos párrafos que componen el libro, su autor escribe: "La vuelta al origen lleva más allá de todo lo temporal". De nuevo, Historia o filosofía acaban fundiéndose en el mito.

Partiendo del ámbito novelesco, una vez más Jünger estudió las causas profundas de la decadencia en *Eumeswil* (1977, cuyo nombre proviene del original "*Eumenes*"), un libro decisivo, a caballo entre el ensayo especulativo y la ficción simbólica, donde por primera vez aparece la figura del "anarca": "Yo soy, en el espacio, anarca; y en el tiempo, metahistórico. Por eso, no me siento ligado ni al presente político ni a la tradición; soy una hoja en blanco, abierta y capacitada en todas las direcciones". El propio protagonista, Manuel o Martín Venator, es fruto y manifestación de esa dualidad típicamente jüngeriana, a ratos solar y a ratos lunar, en tanto que historiador, por un lado, y camarero de noche en la alcazaba, por otro.

Un punto central de dicha novela, como en toda la obra de Jünger, es la meditación sobre la Historia: "Pérdida de la Historia y decadencia de la lengua van de la mano". Frente al conocimiento especializado imperante en ese Mundo Moderno donde "nadie sale en defensa de una idea", los distintos y variados maestros de Manuel Venator proponen estudiar la esencia de la Historia, en lugar de ahondar en sus detalles superficiales; y para ello, como el propio Jünger en sus textos antes citados, recurren al mito, que otorga distancia con el tiempo horizontal y se nutre de las estructuras fundamentales que se funden en una temporalidad vertical.

Y es que, de la mano del problema histórico, va el de la libertad: "Ha de admitirse que hoy resulta especialmente difícil sostener la libertad. La oposición exige grandes sacrificios; eso explica el ingente número de seres humanos que prefieren la coacción. No obstante, sólo los hombres libres pueden hacer historia. La historia es la impronta que el hombre libre da al destino. En ese sentido el hombre libre puede actuar ciertamente en representación de los demás; su sacrificio cuenta también por los otros".

No ha de confundirse, por ello, la Historia, o, ya puestos, el mito, con el pantanoso terreno de la religión, que muchas veces no es otra cosa que una proyección humana: "Los paraísos son proyecciones efectuadas desde un mundo que se mueve en el tiempo y que por ello es imperfecto; con frecuencia son además ingenuas. La teodicea es la justificación de Dios por el hombre; intenta explicar las razones de que el Todopoderoso pueda permitir el mal. Los animales no conocen esas cuitas. Moralmente viven antes del pecado original, aunque participan de sus consecuencias; también ellos las padecen". Ese agnóstico con tendencias católicas que fue Jünger no sólo le enmienda la plana a Abraham y a Mahoma, sino también a Leibniz y Darwin, abriendo una senda inexplorada para que esa figura cargada de futuro que es el "trabajador" pueda transitar libremente por ella.

Retrato del paseante

¡Qué distintas resultan entre sí la nostalgia y la melancolía! Pesada y mundana, la primera, y profundamente metafísica, la segunda, su habitual confusión es una prueba más de hasta qué punto el hombre moderno ha abandonado todo ideal relativo a una Edad de Oro perdida y de un Paraíso ulterior al que poder retornar. Igual de diferente es el París contemporáneo de aquel otro mucho más esplendoroso en el que, desde los "decadentistas" finiseculares hasta la "generación perdida" de los "locos años 20", todos los grandes artistas del mundo iban a morir y a crear, es decir, a crear muriendo y a morir creando.

En cuestión de un puñado de décadas, el París iluminado por la Razón que criticó Joseph de Maistre pronto pasaría a ser el París de la Luz eléctrica por el que deambuló Charles Baudelaire: ese gigantesco burdel por el que se pierde Walter Benjamin en su colosal *Libro de pasajes*

(1927), al que sólo la muerte pondría el punto final. El mundo industrial es, por naturaleza, un mundo de pasajes y desgarros en el que aún es posible contemplar las "flores del mal" entre vapores fabriles y gases metalúrgicos. Nuestro mundo postindustrial, más clínico y aséptico que aquel (y también más vacío), carece de todos esos encantos y espantos que hacen de lo humano algo tan natural como jovial, algo en el fondo desagradable y habitable: nuestras ciudades son simulacros de lugares confortables en los que realmente sólo pueden habitar los turistas.

El libro de Benjamin no es precisamente un poemario de Baudelaire: disperso, carece de concentración y esmero, una sucesión de apuntes para una obra incompleta que sólo culminaría en 1940 con un suicidio en Portbou, cuando el mundo occidental era ya este asqueroso vertedero desde el que escribo; y si algo dejó escrito Benjamin para la posteridad, un pensamiento, bajo la amorfa apariencia de un millar de apuntes, precisamente fue un manual para recorrer estas ciudades imposibles en las que nos ha tocado en suerte trabajar y vivir y sobre todo matarnos sin atisbo de sentido o estilo.

Leer el tan elegíaco libro de Benjamin significa, en nuestros días, recorrer todas esas calles y bulevares del pasado, transitar como un forense que también es cadáver atravesando un palimpsesto que el paseante debe recorrer con los pies antes que con los ojos: "El *flâneur* que marcha por la ciudad no sólo se nutre de lo que a éste se le presenta sensiblemente a los ojos, sino que a menudo se apropia del mero saber, incluso de los datos muertos, como de algo experimentado y vivido. La calle conduce al *flâneur* a un tiempo desaparecido. Para él todas las calles descienden, si no hasta las madres, en todo caso sí hasta un pasado que puede ser tanto más fascinante cuanto que no es su propio pasado privado. Con todo, la calle sigue siendo siempre el tiempo de una infancia".

Los "pasajes" a los que alude Benjamin son puntos de fuga que se abren en el adoquín más insospechado donde pace lo mundano, salidas trascendentes para un laberinto horizontal que sólo se puede escalar por arriba: hacia la Verdad. La movilidad colectivista de la masa es puramente física, mientras que la movilidad autoconsciente del paseante escapa de la muchedumbre por medio de una actitud existencial, a través de un anhelo de ser que avanza y se abre camino hambriento de Verdad. En el fondo, el *flâneur* es un prototipo de "emboscado" o incluso de "anarca", un hombre sospechoso que se "siente mirado por todo y por todos", y que se mueve camuflado entre grandes turbas urbanas: "El absolutamente ilocalizable, el escondido".

No, la soledad del *flâneur* no es síntoma de escarnio, ni supone oprobio alguno, más bien todo lo contrario: el "hombre diferenciado" logra apartarse de la masa incluso cuando no es capaz de huir de ella. Y con eso ya es bastante: su solitaria insignificancia, ese aislamiento inconfundible que impone la pequeñez más intrascendente, no es una marca peyorativa, sino una fecunda vía para hacer de las calles una casa, un hogar para el ser, con una mención especial para los bares, parques y cafés, esos templos del espíritu que todavía se erigen dentro de una sociedad secularizada.

El *flâneur* es un *yogi* europeo, un derviche occidental que carece de guías, mapas y puede que hasta de brújula para realizar su Teatro; sólo su memoria puede orientar sus pasos a través de ese particular *Imago Mundi* donde una Ariadna de mil y un rostros aguarda con el Hilo de la Verdad en cada esquina, desmadejando los recodos de una ciudad vivida, escrita y paseada hasta el agotamiento físico.

Si el psicólogo, como antes el cura, trata de radiografiar el alma del feligrés o paciente por medio del habla, el paseante no es otra cosa que un arqueólogo que explora la psique colectiva a través de su andar: así nace la "psicogeografía" estudiada, entre otros, por Iain Sinclair. Y lo que le mueve no es un simple sentimiento burgués de tedio, náusea o aburrimiento, sino algo mucho más metafísico y profundo: un intento por volver a habitar la "Tierra Baldía" en que se ha convertido el Mundo Moderno… No por casualidad el nacimiento del *flâneur* tal y como lo acuñó el traductor al francés de Edgar Allan Poe coincide históricamente con el nacimiento del detective decimonónico, quien, como ocurriera en los relatos del Padre Brown escritos por G.K. Chesterton, en el fondo no es otra cosa que un buscador de esa cosa tan teológica y existencial, la Verdad.

La Verdad es, como la Belleza o la Virtud, algo que emana del "*Deus Absconditus*", y que por lo tanto enardece al espíritu dotando a la existencia de unidad. Verdad, Belleza y Virtud permiten salir del eje horizontal del tiempo, abrir el ser a una trascendencia, habitar aquello que Martin Heidegger denominara en un comentario a Rainer Maria Rilke como "lo abierto" (*Das Offene*): con ello se alcanza un nuevo estado existencial donde se concilian el Cielo y la Tierra, lo Material y lo Espiritual: aquello denominado como "Cuadratura" (*Geviert*) en el pensamiento heideggeriano.

Siguiendo un verso de Rainer Maria Rilke en sus *Sonetos a Orfeo* (1923): "El canto es existencia" (*Gesang ist Dasein*. Cuando un humano escribe con espíritu, se genera un egreror inmutable, mientras que, cuando lo hace una máquina, se produce una base de datos sujeta a una continua actualización: en ese rasgo mágico reside la gran diferencia que imposibilita la "singularidad". La autenticidad, desde el punto de vista espiritual, es sinónimo de unidad, de orden y jerarquía, de una construcción bien asentada sobre un centro espiritual de raíz trascendente: "Todo existir es un comprender(se) de su ser-ahí en el mundo". Es la búsqueda legítima de una "existencia auténtica", de un hogar, de una "casa del ser" donde hallar "cobijo" (*Geborgenheit*) y conciliar "lo abierto" (*Das Offene*) con "lo acogedor" (*Das Geborgende*). Esta es la paradoja expuesta, en el paseo como en la escritura, ante el *flâneur*: en el centro está lo abierto, sobre todo cuando lo excéntrico ha triunfado y domina sobre cualquier tentación de *centrar* la existencia. A través de la intimidad se genera una apropiación de lo externo por medio de lo interno, una realización en acto, acogedora, de lo abierto a través del corazón. El ser humano deja de estar arrojado al mundo cuando logra aprender a habitar de nuevo la existencia: "todo preguntar es un buscar que tiene una respuesta previa que viene de lo buscado".

La angustia existencial es un medio fecundo cuando permite transitar hacia una transfiguración del ser en la que es posible una nueva forma de habitar el mundo; sin embargo, estancarse en el tedio sin ningún tipo de asidero ontológico, anclarse en la náusea, en la sensación de ser extranjero en un mundo del que formamos parte de forma evidente, resulta terrible. Por eso es que el pensamiento de Heidegger resulta hoy más fecundo y necesario que nunca: "La filosofía venidera habrá de convertirse en un alentar: un alentar para el ser del ahí". Sobre todo cuando cada vez se hace más difícil salir a pasear tranquilo.

La filosofía jüngeriana

El 9 de marzo de 1995 un hombre centenario explicó en el despacho de su casa lo siguiente a dos agradecidos visitantes: "Nací en 1895, el mismo año en que Wilhelm

Röntgen descubre los rayos X. Dicho descubrimiento da nacimiento al siglo de la técnica. Por primera vez se puede mirar en el interior de la materia y observar aquello que el microscopio no permitía ver. Sin Röntgen no habríamos tenido el desarrollo de la investigación sobre el átomo, no se habría conseguido su escisión ni se habría podido pensar en la fisión atómica. Un pequeño gran gesto científico está, como pueden ver, en el origen de la modernidad de este siglo".

Ernst Jünger, autor de estas líneas, continuó con el trabajo iniciado por Oswald Spengler a la hora de radiografiar el impacto de la técnica en la nueva época, al reconocer en la IGM el primer conflicto mundial entre potencias industriales: "Lo que esta visión de la historia y su *kulturpessimismus* produjeron en nosotros no fue, sin embargo, una actitud crepuscular. Nosotros, los jóvenes, no nos podíamos permitir una *décadence* como la que a finales del siglo XIX se había permitido la generación francesa de Joris-Karl Huysmans. La fatiga al anochecer es saludable, pero antes del mediodía es preocupante". De la cultura del pesimismo nació la sana esperanza en un renacer áureo.

La "transvaloración de los valores" todavía queda lejos; en su lugar, sólo es posible hablar, al menos por el momento, del "desvanecimiento de los valores", tomando a Friedrich Nietzsche y a Fiódor Dostoievski como punto de partida. Ese "desvanecimiento" (*Schwund*) acelera la destrucción de todo baluarte imaginable, que va desde lo psíquico a lo espiritual pasando por lo moral, pero también del propio nihilismo que nos atenaza en sus garras. Al final existe una esperanza en la promesa de que también el nihilismo pasará, como todo aquello que lo precedió, aunque en apariencia su final no esté a la vista.

Junto a Spengler, Ernst Niekisch influyó decisivamente en las ideas de Jünger, permitiendo al proletario enclavado en una dimensión estrictamente materialista volar hasta su novedoso papel sociocultural, recién adquirido: un Prometeo orientado hacia la metafísica. El interés en el mito o en la historia permitió a una nueva generación hallar un cierto optimismo teleológico del todo ajeno a la generación anterior, encallada en el simple decadentismo, gracias al empuje de una nueva figura: "el trabajador". La masa requiere de estrictas normas, se rige en base al constitucionalismo que es el soporte de la democracia moderna... No así "el trabajador", ese conjunto social compuesto por "grandes solitarios" en los que todavía es posible confiar.

Jünger da cuenta de un tiempo intermedio, de traspaso de poderes cósmicos, donde el relevo de los nuevos dioses por parte de los viejos puede dar paso, en el tránsito de la espera, a la aparición de los "titanes". Lo anterior se ha consumado, asume, sin que llegue su sustituto: "Quién no ha experimentado sobre sí el enorme poder de la Nada y no ha padecido su tentación, conoce bien poco nuestra época". Tanto en *Sobre la línea* (*Über die Linie*, 1950) como en *Tratado del rebelde* (*Der Waldgang*, 1951), el alemán trazará un análisis del nihilismo que generará la admiración del filósofo más importante de la época: Martin Heidegger.

Y también analizará los efectos de la época sobre lo humano en tres textos más que generarán la misma impresión, el mismo debate en confluencia y límite, con el propio pensamiento heideggeriano: *La movilización total* (*Die totale Mobilmachung*, 1930), *El trabajador* (*Der Arbeiter*, 1932) y *Sobre el dolor* (*Blätter und Steine*, 1934). Allí dará cuenta de, por ejemplo, la perversión del lenguaje; un tema que retomará en su más célebre novela, *Eumeswil* (1977): "La agresión contra el lenguaje nacido de los siglos y de la gramática, contra la escritura y el signo, forma parte de una simplificación que entró en la historia bajo el nombre de revolución cultural". El desborde de energía y el crecimiento técnico sin el sustento de las ideas como principal argamasa de técnica y nihilismo.

En *Sobre los acantilados de mármol* (*Auf den Marmorklippen*, 1939), se plantea una resistencia interior puramente individual: ante la fractura del mundo, queda el repliegue en uno mismo; sobre todo cuando el desarrollo de la técnica anticipa el despliegue de una forma política históricamente posterior a la nación, el Gobierno mundial: "La técnica, en tanto que fenómeno universal, cosmopolita, que lleva inexorablemente a la globalización, prepara el Estado mundial, y lo que es más, en cierta medida ya lo ha realizado. El Estado mundial es su correlato político".

Un brillante compañero histórico, distante pero en buena medida coincidente en no pocas consideraciones, y sobre todo en las relativas a la citada superación del pesimismo cultural, fue el Premio Nobel de Literatura Hermann Hesse, quien compartía la visión de Jünger sobre la necesidad de desplazar su visión histórica del hombre a la Tierra, de lo antropocéntrico a lo cíclico.

Si la técnica ha alienado al hombre, el retorno a los ciclos naturales de la Tierra supone un parapeto seguro frente el asedio de lo artificial, un adarve firme contra el signo de los tiempos. El "trabajador" forma parte de la Edad de Oro venidera donde el espíritu por fin habrá tomado el lugar antaño reservado para la razón. Cuando la técnica y el nihilismo, por medio del trabajo y el vaciamiento, se han vuelto potencias totalizadoras a una escala planetaria, Jünger encuentra una salida a ellas en un vínculo trascendente de la persona singular soberana que aún puede trazar un camino particular e intransferible a través de una subjetividad que se desarrolla libremente: es la senda marcada para el "anarca".

Condenado a un exilio no solicitado, el hombre jüngeriano mira esperanzado a esa misma sociedad que lo ha forzado a devenir "anarca". En el necesario reencuentro con su propia soledad está la dichosa conciliación de lo humano con esa chispa de lo divino que porta en su interior; y en la esencia del hombre se halla también, escondida, la propia substancia de la Historia.

No hay refugio colectivista, a la manera del anarquista, en la conquista interior del "anarca". Lo que para Sócrates o Plotino es el *daimon* de la realidad intermedia, para Jünger lo es "el bosque" donde se custodia el espíritu. Puede que la naturaleza exterior tiemble y recule ante la potencia destructora del ser humano, pero la naturaleza interior del ser libre permanece intacta ante dichas embestidas del tiempo. El amor transmuta la materia de una forma que sólo ahora estamos empezando a comprender científicamente: "*Eros* conseguirá siempre la victoria final sobre las ficciones de los Titanes, ya que es el auténtico mensajero de los dioses".

Jünger vio en la reaparición de un cierto interés social por la metafísica, así como en la destrucción del paradigma científico newtoniano y copernicano, toda una sintomatología para certificar el fin del nihilismo, por la fuerza del amor. Mientras se cruza la línea, el individuo solamente puede emboscarse en la selva de la interioridad. En su libro *En el muro del tiempo* (*An der Zeitmauer*, 1959), Jünger rebasa la línea que separa la época del nihilismo de la siguiente y siembra sus propios pilares para comenzar a erigir un mundo nuevo a partir de una cosmovisión diferente; y, para ello, estudia la historia y la astrología, la naturaleza del tiempo y el cosmos, comienza a asomarse a una época posterior a la del nihilismo.

Hace 20 años la miseria moral que es connatural al hombre todavía dejaba abierta la posibilidad de declararse pacifista sin miedo al sonrojo, puesto que así de idiotas hemos sido, somos y seremos los humanos: adanistas capaces de soñarse ajenos a esa máxima según la cual hay que buscar en el *pólemos* al "padre de todas las cosas". Hoy, en tiempo de guerra, no es posible ceder ante tal ingenuidad: la sangre de los muertos caídos en Kiev o en Gaza todavía late calor en sus venas. Fin de la ilusión.

Vivimos arrojados al frenesí de lo móvil, a un centenario de distancia desde que se implementara una revolución sin precedentes erigida en nombre de ese fantasma que es el Progreso: "Ambos fenómenos, la guerra mundial y la revolución mundial, guardan entre sí una relación mucho más estrecha de lo que a primera vista parece; son los dos lados de un mismo acontecimiento cósmico y en muchos aspectos dependen el uno del otro tanto en lo que se refiere a su génesis como en lo que se refiere a su estallido".

Qué duda cabe de que Ernst Jünger, el autor de estas líneas, era un reaccionario en el sentido que otro de su misma estirpe, ese sibarita cáustico (a la par de católico) que fue Evelyn Waugh, le daba a dicha calificación: "El artista ha de ser reaccionario. Tiene que oponerse a la dirección prevaleciente de su época y no amoldarse a ella constantemente; ha de ofrecer cierta oposición". Y por eso el alemán escribiría: "Cabe preguntarse si el auténtico significado del progreso no es otro, un significado diferente, más secreto, que se sirve, como de un escondite magnífico, de la máscara de la razón, muy fácil en apariencia de abarcar con la mirada". Hay una lectura esotérica del progresismo, por lo tanto, a la que debemos atender.

Porque, nos dice Jünger, detrás del progreso no está la Razón sino una nueva Iglesia: "Sólo una fuerza de índole cultural, sólo una fe, pudo caer en el atrevimiento de extender hasta el infinito la perspectiva de la finalidad". Un paso decisivo en la consolidación de dicha Iglesia, en la difusión de ese universalismo que bien podríamos llamar Estado Mundial, es la progresiva separación entre Ejército y Corona que acontece en el último tercio del siglo XIX y se consolida a principios del siglo XX: "En cada mejora de las armas de tiro se esconde una agresión indirecta a las formas de la monarquía absoluta".

Muerto el gibelinismo, la secularización sueña con el gobierno ilimitado del Leviatán: "Allí donde dos seres se aman lo que hacen es conquistar terrenos a Leviatán, creando un espacio al que éste deja de controlar". De la casta guerrera se pasa a la movilización del ciudadano, reconvertido en trabajador, para abastecer un campo de batalla cada vez más indirecto, por eso "Tal alistamiento transforma en fraguas de Vulcano los Estados industrializados combatientes y hace de la guerra mundial un fenómeno histórico de significado superior al de la Revolución Francesa". De nuevo: la parte "esotérica" del progresismo prevalece sobre su vertiente "exotérica".

La "movilización parcial" es inherente a la monarquía, aduce Jünger, pero la "movilización total" pertenece a un orden social posterior: una vida volátil, transmutada, se ha abierto paso en pleno año de 1930, abriendo así un ciclo histórico que crece exponencialmente hasta certificar su nueva faz en la decisiva fecha de 2030. El autor de *El trabajador* (*Der Arbeiter*, 1932) señala con toda claridad las consecuencias de lo anterior: "Los equipamientos bélicos están cortados a la medida de la movilización total". Del rifle de precisión al dron automatizado hay apenas un paso.

Algo que muy pronto mostrará sus imparables consecuencias en la vida civil: "la ofensiva contra la libertad individual tiene como objetivo que no exista nada que no quepa concebir como una función del Estado". Y así es como se llega a esa "vida desnuda" (*nuda vida*) de la que hablara Giorgio Agamben: la existencia burocrática y dataísta de los ciudadanos en la que, gracias a la Tercera Revolución Industrial, el desarrollo de Internet, y la actual Cuarta Revolución Industrial de la mano de Inteligencias Artificiales, ya estamos más que inmersos: sometidos a los vaivenes de una realidad virtual que se presenta como única vía legitimada para permitirnos una leve ausencia de una realidad natural cada vez más desarticulada.

Los bombardeos según criterios algorítmicos, el empleo de armas químicas como el gas, la existencia de armas de destrucción masiva, etcétera, son ejemplos de una esencia más profunda: las barreras entre combatientes y no combatientes se han desplazado, lo mismo que ocurre con el propio campo de batalla o con la distinción entre guerras frías y calientes, por un lado, o tiempos de paz y de desarrollo bélico, por otro. Los países se han convertido en enormes e implacables fábricas de racionalidad; la movilización ya no puede ser "parcial", se demanda *totale mobilmachung* por su proceso ínsito de autonomía; y el ritmo frenético somete desde a los niños en la cuna a los ancianos al borde de la sepultura: "Más que ser ejecutada, la movilización se ejecuta a sí misma".

Tal y como nos mostró Jünger hace casi un siglo, así es como funciona la vida "En la edad de las masas y las máquinas", tras la caída de los grandes imperios europeos; y por eso la Primera Guerra Mundial, como más tarde sucederá con su anexo, hasta llegar a nuestros días, resulta más relevante, desde el punto de vista sociohistórico, de un proceso tan determinante que el de la Revolución Francesa: permite asistir a la sucesión lógica de una concatenación que no admite refutación, puesto que ya se ha certificado. Nos dice el alemán: "Cada vida individual se convierte en una vida de trabajador" porque "las guerras de los caballeros, los reyes y los burgueses van seguidas de guerras de los trabajadores".

La tesis de Jünger se vuelve incómoda al ligar el proceso de "movilización total" con la democracia constitucionalista: "En nuestros días un pedazo de papel en el que esté escrita la Constitución significa algo parecido a lo que significa en el mundo católico una hostia consagrada"; si bien la letra escrita importa menos, a la postre, que la interpretación que el Poder hace de ella -ahí está la vulneración de la propia Constitución en base a criterios técnicos que se hizo en el año 2020. No es casualidad, por lo tanto, que la caída del Imperio Austrohúngaro, tan anhelada por la sinarquía como la caída del Imperio zarista, se salde con el auge del nuevo régimen norteamericano: la ductilidad propia del liberalismo resulta mucho más conveniente al nuevo estado de cosas que los reflejos oxidados del absolutismo.

Y quizás ahora estemos viviendo ese mismo proceso, desde el momento en el que escribo, en el necesario paso de la democracia constitucional a una tecnocracia dataísta. Lejos de ser el fin de un trayecto, como parecería conveniente sentenciar para los intereses de ciertas oligarquías, "la movilización total es tan sólo un indicio de una movilización más alta" al "poner en movimiento a las masas de la guerra civil en vez de a los ejércitos de la guerra exterior". Una vez los pueblos se han "desprendido de la máscara humanitarista", "en su lugar aparece un fetichismo de la máquina, un ingenuo culto de la técnica". Y en eso estamos: ¿se ha probado unas gafas de realidad virtual? ¿Qué tal le sientan? Quizás debería acostumbrarse a vivir con ellas.

En un siglo han caído en un mismo golpe histórico, no tanto de forma escalonada como al unísono, el nacionalismo, el socialismo, el fascismo, el bolchevismo e incluso el americanismo… Y toda esa sangría de ideologías en Occidente, esa escabechina de religiones secularizadas tan defenestradas como antes lo fueron las propias religiones tradicionales, se ha saldado con el tránsito de los falsos debates mediáticos entre "izquierda" y "derecha" que durante décadas han simulado la existencia de una social-democracia para "unas masas cegadas por la ilusión del sufragio" a una nueva forma política que, desde el principio, se hallaba escondida tras los precisos movimientos de la "movilización total": es la tecnocracia.

En la alcazaba de Eumeswil

Releer a Ernst Jünger en pleno otoño europeo me lleva a constatar, una vez más, que nadie como él nos preparó para el siglo XXI: su inteligencia renació bien calibrada de las trincheras de la IGM, presta a iluminarnos, igual que el fino diamante esmerilado de su lenguaje nos atraviesa con la sutileza y la hondura de su filo… Desde ahí es que la tardía *Eumeswil* (1977) se destaque como la más perfecta cristalización de dos conceptos inextricables entre sí: pensamiento y estilo. Es aquello que se constata a cada página: el estilo del pensamiento, el pensamiento presente en el

63

estilo. Su protagonista, Manuel Venator es, como antes el propio Jünger, un ejemplo ético y estético de "realismo heroico": igual en la obra que en la vida.

La voz narrativa de *Eumeswil* transcurre en primerísima persona; y a partir de ahí trata de ordenar el mundo para nosotros, los lectores, a través de la contemplación solitaria. Su lenguaje, pues, emana de un imprescindible silencio previo; de forma semejante a cierto tipo de acción que sólo se encuentra al alcance de quien antes ha sabido domeñar la más completa quietud de su fuero interno; es la conciencia que se observa a sí misma desde el exterior. Hallamos una seguridad total, absoluta, en la escritura jüngeriana, como la hay en la acción meditativa de los Padres de la Iglesia cristianos que se retiran del mundanal ruido a contemplar el desierto: agradecer al cosmos la ordenación sacra de su ser.

La cantinela de Manuel Venator, su flujo sintético que va a la esencia de los temas porque parte del más puro centro espiritual, es, en ese sentido, como el rezo del Peregrino Ruso; jamás decae y nunca, nunca coquetea con cesar. Hasta que lo hace y, entonces, vuelve al punto de comienzo... Para mejor trascender el ego, disolver el deseo, incluso superar la palabra por medio del silencio. El suyo es un intento por vivir más allá del flujo del tiempo, encarnando el arquetipo: "¿Qué significaba vivir para el hombre perteneciente a las culturas tradicionales? Ante todo, vivir conforme a los arquetipos" (Mircea Eliade, *El mito del eterno retorno*).

Manuel Venator es, con diferencia, el mejor ejemplo de emboscadura en la literatura contemporánea: demuestra que se puede vivir como un eremita trabajando como camarero en la alcazaba, porque tal es el poder del sueño, incluso en las peores circunstancias imaginables: "Nunca fracasamos por culpa de nuestros sueños, sino por no haberlos soñado con suficiente fuerza". Y es que, en efecto, el tiempo puede detenerse, ante nuestros ojos y muy especialmente en nuestros corazones, en cualquier lugar y circunstancia donde aún podamos esgrimir el acto reaccionario por excelencia: el poder del sueño. Tal es la meta y el destino del arquetipo jüngeriano por excelencia: el "anarca", que jamás debe confundirse con el anarquista, ni tampoco con el monarca: "El confuso idealismo del anarquista, su bondad sin compasión o su compasión sin voluntad, le convierte en un elemento útil en muchos sentidos".

El monarca gobierna sobre los demás, mientras que el "anarca" se gobierna a sí mismo: "El anarca puede vivir en solitario; el anarquista es un ser social y tiene que buscar la colaboración de otros camaradas. El anarquista es el antagonista del monarca. Sueña con aniquilarlo. Se dirige contra la persona, pero consolida la sucesión. El sufijo ismo tiene una función restrictiva. Acentúa la voluntad a costa de la esencia. La contrapartida positiva del anarquista es el anarca. El anarca no es el antagonista del monarca, sino su polo contrario, algo a lo que el poder del monarca no llega pero que tampoco es peligroso. No es el adversario del monarca, sino su correspondencia. El monarca quiere dominar a muchos, mejor aún, a todos; el anarca solo a sí mismo. Esto le sitúa en una relación objetiva, y también escéptica, respecto del poder, cuyas figuras deja desfilar sin tocarlas para nada, aunque no sin emoción interna, no sin pasión histórica. Todo historiador es, en mayor o menor grado, un anarca; si tiene talla suficiente, se convierte a partir de esa base en un juez imparcial".

Para Jünger, "Los arquetipos están ocultos en lo hondo; viven en los cuentos populares, en el mito, en el poema". Esa memoria común, esos mitos compartidos, determinan la Historia; y el gran hallazgo de Ernst Jünger, en pleno siglo XX, es que la emboscadura es un estado interior del Ser que el hombre libre se otorga a sí mismo en tan cruciales circunstancias. Justo por eso es que acude a un lugar sagrado para habitar en él: "Bosque es el nombre que hemos dado al lugar de la libertad".

La concepción darwinista de la vida es mecánica. Algo perceptible en las consecuencias extraídas de él por el padre de la ecología y darwiniano confeso, Ernst Haeckel. La máquina se convierte, entonces, en el ser más perfecto de la Creación. Es su destino más genuino. La hermandad forjada entre industrialización y espiritismo característica de fenómenos decimonónicos, tales como el mesmerismo y sus derivados teosóficos, evolucionará por las sucesivas Revoluciones Industriales, hasta alumbrar la digitalización y el auge de la *New Age* en Sillicon Valley. La alteración genética y la Inteligencia Artificial proyectadas como fase final de la evolución. Del culto al sol se ha pasado al culto a la electricidad. El sincretismo y el posthumanismo resultan indisociables el uno del otro. La humanidad entendida como engorroso escollo, presta a ser asistida por el transhumanismo, encuentra tanto justificaciones materiales como explicaciones de índole pseudo-espiritual y contra-iniciática. Contra dicha perspectiva, Jünger escribió: "Si se quiere que tenga éxito el combate contra el nihilismo, habrá que librarlo en el pecho de cada cual" porque "La persona singular se parece así a la luz, que, al encenderse, vence en su parte a la oscuridad. Una luz pequeña es más grande, más imperiosa, que muchísima oscuridad".

Contra las pertenencias de todo signo, el "anarca" comienza una nueva forma de revolución que es puramente individual: "Las palabras reforzadas por el sufijo ismo delatan una peculiar pretensión, una voluntariosa tendencia, a veces una hostilidad anticipada. El movimiento se acentúa a costa de la sustancia. Son palabras con destino a sectarios, a gentes que solo han leído un libro". Porque el "anarca" jamás caerá en el error de ser progresista, anclado en sus dos principios fundamentales, que son también los más antiguos de los que se guarda recuerdo: "conócete a ti mismo" y "hay una medida para cada cosa".

Como se puede observar, en realidad la tarea del historiador, que es también la del "anarca", no consiste tanto en perderse en las minucias del pasado como en asir por el cuello las polaridades que componen su núcleo de vida: "El padre encarna el tiempo y la madre, el espacio. Cósmicamente, él es el cielo; ella, las estrellas; telúricamente, él es el agua; ella, la tierra; él crea y destruye, ella concibe y conserva. En el tiempo hay una inquietud inextinguible, cada instante destruye el precedente. Los antiguos lo representaron en la figura de Cronos, devorador de sus hijos. Como titán, el padre devora al engendrado; como dios, lo sacrifica; como rey, lo gasta en las guerras que maquina. El dios y el mito, la historia y la teología proporcionan todos los ejemplos deseables. Los muertos no vuelven al padre, sino a la madre".

Dios es lo que queda cuando todo lo demás muda sin remedio; y el rastro perenne de ese mismo centro está presente en cualquier camino sembrado de cadáveres. Dar testimonio de ese tránsito, de esa permanencia, del movimiento microcósmico que se produce a semejanza de los grandes ciclos del universo: eso es lo que supone radiografiar la figura del "anarca". El "anarca", como se ha visto, tiene la serenidad de espíritu suficiente como para saberse cadáver y como para, incluso, desearse cadáver. Eso es: como para ver la muerte y volver después a la vida: saber y saberse y hasta desearse como ya muerto. Se trata de aquello que, mediante un dominio maestro del lenguaje, Jünger destila en *Eumeswil*, desplegando así una obra maestra inclasificable, que nunca termina de redondear la novela a secas o el ensayo puro, sino que supera ambos géneros por medio de la más sabia síntesis.

La Gran Guerra

Normalmente el apelativo de "Gran Guerra" se suele usar para el conflicto bélico que llevó mucho más allá las consecuencias de la técnica sobre el frente de batalla que se vio antes en la Guerra de Secesión norteamericana: la Primera Guerra Mundial (o Primera Guerra Civil europea); y sin embargo uno de los mayores pensadores del pasado siglo, el italiano Julius Evola, usó ese mismo término para referirse al fenómeno interior que produce la guerra en los individuos diferenciados que acuden a ella, y lo hizo basándose en su propia fenomenología de la guerra, desarrollada a partir de distintos textos sapienciales, sobre todo de la *Bhagavad-gita*, y muy probablemente basándose también en las experiencias que el alemán Ernst Jünger tuvo en la primera etapa de su vida, como atestigua su obra temprana *Tempestades de acero* (1920). De la suma de ambas lecturas nacerá una obra insoslayable del pensamiento contemporáneo: *Metafísica de la guerra* (1950).

La pregunta fundamental que subyace tras ese y otros textos del autor italiano es la siguiente: ¿Es posible la realización interior del propio Destino en un mundo de ruinas espirituales? Evola responde afirmativamente y lo hace amparándose, tanto desde una perspectiva teórica como desde una vivencia íntima, en el fenómeno de la guerra como acontecimiento existencial para mejor despertar en el Kali Yuga. Quien desecha ese combate interior que lo define sujeto acaba abocado a una existencia vana, la despreciable vida del burgués adocenado. Es la experiencia iniciática la que permite cincelar el yo diferenciando aquello que debe ser potenciado, el espíritu, frente a aquello que debe ser desechado: el ego. El peregrino debe escoger entre dos caminos, entre dos vidas distintas: la del camino del corazón y la del camino de la perdición; una senda de iluminación opuesta a la del oscurecimiento; en esa bifurcación que asimismo constituye una definición se abre tanto la posibilidad del (auto)conocimiento como la del olvido de sí.

Lo exterior es reflejo de lo interior: en el mundo expresamos nuestro yo y lo cimentamos sobre ese duro yunque al que hemos dado en llamar "realidad". La guerra arquetípica enfrenta a Dios con el Demonio en nuestro Yo: es la lucha con el dragón o la serpiente, que alude a una transformación interior, a la superación de la multiplicidad por medio de una unidad que conduce a la paz. En palabras de Evola: "Las situaciones, los riesgos, las pruebas inherentes a las hazañas guerreras provocan la aparición del enemigo interior, el cual, en calidad de instinto de conservación, cobardía o crueldad, lástima o furor ciego, se considera que es lo que hay que vencer en el acto mismo de combatir al enemigo exterior".

La guerra resplandece, en el sentido evoliano y aún antes jüngeriano, como iniciación y revolución, como retorno hacia los principios, como ascensión hacia el origen extraviado, por medio de un despertar interior del hombre. Desde luego no todos los contendientes son llamados a ello, mucho menos en el Mundo Moderno: pocos son los elegidos, suficientes para probar la eficiencia de su clave mística. Aquello que manifestamos de forma expresionista a través de mitos y símbolos, el emblema humano que es depositario de la semilla divina es también una manifestación de la ausencia de límites entre lo interior de nuestro Ser y la esencia exterior del mundo. Lo que alcanza todo iniciado, tanto en la experiencia bélica como la experiencia amorosa cuando se vive de forma espiritual, es idéntico a lo que gana aquel a quien le es revelado un Misterio por un maestro en la vía ascética: apertura.

Sobra decir que esa realización interior no es tanto una perspectiva humana y, por lo tanto, horizontal como una vía de ascensión hacia la verticalidad, una puerta de entrada en la "otra parte" suprarracional del que hablara Alfred Kubin. El paso de lo material a lo suprarracional marca el despojamiento de la vida mundana para entrar en una perspectiva sacra de la misma. El hombre queda atrás y el iniciado deviene en aquello que Nietzsche llamara "Superhombre": un individuo situado "más allá del bien y del mal", diferente en todo al "último hombre". Sin embargo, Evola abre una perspectiva trascendente en torno a ciertos puntos donde el autor de *Aurora* (1881), quizás por su visceral rechazo de todo aquello que arrastrara un regusto platónico, resulta ambiguo: principalmente, su posición metafísica, que nunca se descubre como solamente inmanente o inmaterial. A punto de suicidarse, el Evola joven y nietzscheano leyó un fragmento de un sermón de Buddha y gracias a eso decidió convertirse en *Kshatriya*, recibiendo "Una firmeza capaz de resistir cualquier crisis". Entonces es que decide seguir con vida, cabalgando el tigre y afirmando el célebre tópico que reza: *Ex Oriente Lux*.

La tragedia de Evola, que marcará el paso para su posterior *apoliteia* quintaesenciada en *Cabalgar el tigre* (1961) y explicada en *El camino del cinabrio* (1963), su idealismo místico fue subsumido bajo la *realpolitik* que poco a poco iría marcando el dominio absoluto de la política práctica sobre el concepto de lo político, determinando con ello el triunfo definitivo del güelfismo burgués sobre el gibelinismo guerrero.

En su aproximación a la sexualidad, al alpinismo, a la guerra o a la vanguardia artística el italiano contemplará una misma actitud frente a la vida: una acción humana orientada por un principio metafísico. Para Julius Evola, la Tradición se puede definir en los siguientes términos: "La Tradición es, en su esencia, algo metahistórico y, al mismo tiempo, dinámico: es una fuerza general ordenadora en función de principios poseedores del carisma de una legitimidad superior". Para añadir en otro punto: "Hay un orden físico y un orden metafísico. Existe la naturaleza inmortal y la naturaleza de los mortales. Existe la región superior del ser y la región inferior del devenir. De forma general, existe un visible y un tangible y, antes y por encima de éste, un invisible y un intangible, que constituyen el supra-mundo, el principio y la verdadera vida".

En ese sentido, conviene recordar lo escrito por René Guénon: "La gran guerra santa es la lucha del hombre contra los enemigos que conlleva en sí mismo". Y Jünger, al volver al mitologema de "la Lucha con el Dragón", encarnado en la pelea de Apolo contra Python sobre la que se erigió Delfos: "Con la muerte dada a la serpiente comienza en Occidente el camino del hombre auténticamente poderoso, es decir: del hombre dotado de poderes míticos".

Evola propone afrontar la crisis con entereza y realismo: buscando la trascendencia y ejercitando el autodominio. En sus palabras, "La libertad se define como la capacidad de dominio sobre los instintos. Todo puede ser dominado y todo puede dominar al hombre, desde el heroísmo al miedo". Todo ello despierta nuestra naturaleza dormida, lo que somos en potencia y debemos explicitar mediante nuestros actos. Esta perspectiva que desprecia el racionalismo no cae a cambio en el irracionalismo de los románticos (falsamente atribuido después al fascismo y al nacionalsocialismo, en realidad mucho más deudor de la Ilustración), sino en una mentalidad suprarracional que se eleva sobre las capacidades humanas señalando hacia las cumbres más altas del horizonte.

Europa y el dolor

Contra la opinión general de la sociedad secular, el dolor no es un enemigo a batir, sino un maestro pendiente de asimilar. Y sobre todo cierto tipo de dolor menos anclado en lo físico que en lo espiritual. Para Ernst Jünger, el dolor es un "núcleo esencial de la vida misma", "piedra de toque de la realidad", "uno de los criterios grandes e inmutables en los cuales se hace patente el significado de ser humano" y por último "el criterio más duro de cara a esa cadena de exámenes que solemos llamar vida". Nada menos.

Todas estas definiciones relativas a la potencia creadora que conocemos con el nombre de "dolor", ese yunque sobre el que se conforma el carácter primordial de la vida, se encuentran recogidas dentro de un texto homónimo de 1934 recogido, con el nombre de *Sobre el dolor*, junto a otras obras del mismo período que forman parte de la transición intelectual entre el "realismo heroico" a la figura del "trabajador" en el volumen titulado "Hojas y Piedras" dentro de las Obras Completas del maestro alemán.

Para Jünger, nada hay tan definitorio en el terreno de lo comunitario como la posición ética que muestra una sociedad frente al dolor y que, en último término, viene a sintetizar la posición social frente a la metafísica; y lo mismo sucede en términos netamente individuales: tu relación con el dolor es lo que te define como figura, puesto que el dolor es el secreto oculto tras el dominio de cada uno. Ejemplo de ello es la película que Paul Schrader, un cineasta centrado en los oficios (conductor de taxis, gigoló, reverendo, contador de cartas, maestro jardinero, etcétera) mostró de sobra en *Yukio Mishima: una vida en cuatro capítulos* (1985), centrada en la vida del escritor japonés que terminó sus días con un *seppuku*, a la edad de 45 años.

Desde hace más de un siglo, coincidiendo con el inicio de la guerra altamente tecnificada, nos hemos vuelto impermeables a la sintomatología, los efectos y muy especialmente las consecuencias del dolor. Si "la técnica está avasallando nuestro siglo en todos los terrenos en una secuencia cada vez más rápida", por ello no debemos olvidar que "el acoso del dolor es seguro e ineludible". Y en la ignorancia del dolor, concluye una vez más el sabio Jünger, va incluida una ignorancia mayor de las leyes generales que rigen el cosmos: "El dolor es una de esas llaves con que abrimos las puertas no sólo de lo más íntimo, sino a la vez del mundo". Desatendiendo la naturaleza del dolor, cerramos los ojos ante lo más hondo de nuestra propia naturaleza.

La fe o la valentía no ayudan a esquivar las balas en el campo de batalla: ninguna circunstancia o ideología sirve de límite frente al dolor, dado que no existe dogma o lugar que permita al sujeto sustraerse de su verdadera influencia.

En un sentido que es tanto biográfico como histórico, en su faz crepuscular o abiertamente apocalíptica, encarar el dolor supone afrontar el misterio de una revelación: esa profecía presente en las obras pictóricas de Brueghel, El Bosco y Cranach, y que hoy por fin comenzamos a entender en su verdadera dimensión, cuando la sobreabundancia de visiones y previsiones de marcado signo milenarista están a la orden del día, al punto de que en muchos casos resultan estériles.

Habitamos una era posterior a la del nihilismo y, en cierto sentido, posterior a toda una forma de concebir la técnica que ya ha caducado; y acerca de este tiempo nuevo tenemos una única certeza: la garantía del dolor, en un plano concreto a la vez que universal. En la época de la fotografía, con su consiguiente mirada petrificadora sobre la vida, y donde los medios masivos, como la radio, el cine y la cibernética han impuesto una disciplina indirecta a través del estado de conexión, en un momento de la Historia en el que, a través de los espectáculos deportivos y la primacía del ocio utilitarista, existe un claro exhibicionismo del cuerpo que comparte sus fines fosilizadores con la fotografía.

El goce, un valor propio de la sociedad feminizada, ha sustituido al esfuerzo que prima como valor fundante en una sociedad virilizada. La desaparición de los límites trágicos en las relaciones amorosas las han terminado por reducir a un objeto más de la sociedad de consumo; y dicho mal, que puede costarle la vida a civilizaciones enteras, se ha vuelto endémico al extenderse al resto de ámbitos pertenecientes a las relaciones humanas. La comodidad se ha extendido a todos los ámbitos de la realidad secularizada, también al amor de pareja, puramente burgués, intrascendente, en último término aburrido: "El aburrimiento no es otra cosa que la disolución del dolor en el tiempo". En cierto sentido, el Purgatorio se nos aparece como la quintaesencia de ese aburrimiento que se ha vuelto crónico en los centros comerciales contemporáneos.

Humanismo, democratismo y pacifismo, sublimados como herencia de la Ilustración y sus celebrados Derechos Universales, conforman una sociedad que niega el dolor, que vive de espaldas a él, cegada por un falso hedonismo, parapetada en tanatorios y crematorios, en asilos y centros médicos, un mundo aséptico sustentado en la "omisión del sacrificio", donde todos los espacios han quedado laminados por un mismo patrón, similar al vestíbulo de un hotel, y donde se desprecia el martirio, se busca erradicar toda tendencia favorable a cualquier forma de ascetismo, todo ello en beneficio de la seguridad y el confort, en detrimento de los vínculos naturales y de los bienes comunes, ahora reducidos nada más que a relaciones jurídicas y monetarias, extraviando a cambio toda espontaneidad y todo riesgo en un fárrago aburguesado compuesto por anestesia y vacunas, por los seguros de vida en el marco de un omnipresente proteccionismo de signo socialdemócrata.

Ese desprecio moralista por la tortura, la guerra, el asesinato o el crimen, que pretende superar esas actitudes por medio de la educación, acaba recayendo en el proselitismo, cuando no en el simple adoctrinamiento, al tiempo que la sociedad se erige en calidad de declarado apologeta de la más cobarde de las formas que existen de dar muerte: el aborto. Es una secuencia de la sentimentalidad impuesta por el marco mental decimonónico de una Emma Bovary exportada a modelo universal de conducta, a través de sus nefastos epígonos: la objetualización del cuerpo, su reducción a recipiente pasivo del dolor, con la primacía de una actitud antiheroica que invita a ser resilientes en vez de combatientes, a resistir el dolor en vez de afrontarlo.

Los conceptos generales han mutado; y los mapas trazados para estudiar la época han quedado obsoletos ante el propio avance de esta. Como parte de un devenir fluctuante del signo de los tiempos y sus implicaciones técnicas, no vale alejarse de él con un mohín de desprecio neorromántico, sino que se hace preciso encarar la época desde dentro. El cambio, nos dice Jünger, proviene de dentro de cada ser humano y no de los sistemas exteriores que lo aprisionan. Porque el cuerpo es real, añade citando a San Agustín, y a su vez forma parte de la realidad mayor que imbrica con el alma: "Sentir dolor es privativo del alma, no del cuerpo" (*La Ciudad de Dios*).

La angustia anímica, hoy divulgada a través del sobrediagnóstico de patologías mentales, no pertenece al alma, ni mucho menos al cuerpo, y por lo tanto circunscribe su ámbito de influencia al de lo puramente irreal y ficticio, una manía perversa más derivada del aburrimiento burgués, y que nos conduce directamente a eso que Jünger señala: "El dominio ejercido por la psicología". En el fondo, Jünger se está refiriendo a eso que por su parte René Guénon denominara: los aspectos subpersonales del ser. La herencia más rotunda de ese tiempo de crisis que fue el siglo XX es el paso de la gran seguridad a la edad de la técnica, donde por fin, de la mano del "trabajador", el dolor será reintegrado en la vida anímica y espiritual de Occidente tal y como le corresponde.

La verdadera Guerra Santa

La Historia es uno de los grandes temas del pensamiento contemporáneo. Por un lado, podemos diferenciar a los pensadores que, como Hegel o Marx, comprenden que detrás de los acontecimientos hay un sentido interno o teleológico porque existe una meta hacia la que el mundo y los hombres progresan. Por otro lado, podemos diferenciar a los pensadores que, como la mayoría de nuestros coetáneos, atribuyen al azar y a la contingencia el origen de los acontecimientos: para ellos, en el fondo último de los sucesos a los que estamos sometidos se encuentra la Nada. Y en un extremo opuesto del todo a estas dos posturas, se encuentra la posición de los pensadores que detrás de la Historia hay un sentido divino que a nosotros nos es desconocido. Esta última escuela, integrada por los pensadores de la Tradición Sapiencial dedicados al estudio de la Historia, existe una Supra-Historia directamente conectada con el mito; remitente, en último término, a algo infinitamente superior a cualquier realidad material: el respaldo que otorga una perspectiva metafísica. Una forma de contar realidades concretas y caducas desde un lenguaje imperecedero.

Si la Historia avanza en una dirección concreta, encaminada hacia un fin cognoscible de antemano, todos los éxitos camuflados bajo la implementación de medidas políticas y sociales, a modo de marco inexpugnable, son jalones en la consecución de ese ansiado final. Dicho optimismo contrasta con el pesimismo de los grandes reaccionarios; principalmente, todos los miembros del "pueblo" que durante siglos han encarnado, en el corazón mismo de la Modernidad, los valores de la Tradición sapiencial perenne, bajo la apariencia concreta, popular, de su cultura específica. Jünger les dio un nombre en retrospectiva: los "emboscados".

Cualquier pensador político que haya constatado la existencia del mal como algo inevitable en un mundo habitado por los hombres: afirmadores del pecado, de la Caída, de la mancha originaria, de la herida incurable, también lo son de la gracia, de una vida no es contingente, ni una consecuencia del azar, sino que se corresponde con un llamamiento a ella que le otorga sentido, aunque éste no sea visible desde una óptica puramente humana. Las vicisitudes que atraviesa cada existencia particular no son más que pruebas que heroicamente deben ser superadas o, en su defecto, afrontadas con la entereza que otorga siempre la fe en lo trascendente. Es la vocación, el *Dharma*, la llamada del Destino.

Es la época en la que el profesor de filosofía Hugo Fischer o el poeta Stefan George influyen decisivamente, de forma muy análoga, a la juventud germana entre la que se encuentra Ernst Jünger y otros partidarios de la Revolución-Conservadora. Más tarde llegará la apropiación partidista por parte del fascismo y del nacionalsocialismo: en ese momento, sin embargo, no hay *copyright* para el ideal de un Tercer Imperio (*Reich*). En su juventud Jünger, otro nietzscheano que no dejará de evolucionar hasta su muerte con 102 años, perteneció a los *Wandervögel* o "pájaros migrantes" un movimiento social neo-ludita, militarista y neo-romántico cuya influencia sería decisiva en la gestación de la figura del "trabajador".

Tras la IGM permanecerá en la retaguardia y se inscribirá en la Universidad, donde recibirá el influjo del convencido partidario de un pacto ruso-alemán, de claro signo anti-liberal, el alemán Ernst Niekisch, por aquel entonces editor de la revista "Resistencia" y más tarde detenido bajo el Tercer Reich. Niekisch introducirá a Jünger, un poco como Arturo Reghini a Evola y Giovanni Papini a Eliade, en la noción de una "Tercera Posición", idea que, escuchada de labios del socialista y nacional-bolchevique Niekisch, resulta muy elocuente para el joven exsoldado Jünger. Además, Niekisch le introduce en la lectura de Nietzsche y Spengler de manera más amplia. Y le presenta asimismo al relevante Arnold Gehlen, así como al influyente Hugo Fischer, ex-combatiente de la IGM (en la que resultó herido de gravedad) y por aquel entonces profesor de filosofía de Leipzig, y al que Jünger se refiere en sus diarios como "Maestro" y hasta "Nigromontanus".

El término "*yihad*", igual que antes el término "guerra", ha sido objeto de numerosas desviaciones: en realidad, es un equivalente de nuestra palabra "lucha". Evola extiende en *Metafísica de la guerra* (1950) su significado hasta la noción de una "guerra santa" compuesta de dos partes: la pequeña guerra o guerra menor y la gran guerra o guerra mayor. Esto escribe: "La Gran Guerra Santa es, al contrario, de orden interior e inmaterial, es el combate que se libra contra el enemigo, el bárbaro o el infiel que cada uno abriga en sí mismo y que ve aparecer en sí mismo en el momento en que ve sometido todo su ser una ley espiritual: tal es la condición para esperar la liberación interior, la paz triunfal que permite participar en ella a aquel que está más allá de la vida y de la muerte, pues en tanto que deseo, tendencia, pasión, debilidad, instinto y lasitud interior, el enemigo que está en el hombre debe ser vencido, quebrado en su resistencia, encadenado, sometido al hombre espiritual".

El ego es una exterioridad del todo ajena al "hombre diferenciado" de la Tradición: no emana de nuestro interior, aunque principalmente nos agita desde esa dimensión de nuestro Ser. Eso es algo que debemos tener claro: en la Guerra Santa se distingue al amigo del enemigo con claridad, por cuanto el amigo hace que nuestro interior retumbe como la cuerda de un laúd cuando es acariciada, mientras que el enemigo despierta las peores bestias inferiores de lo que la psicología moderna se empeña en llamar "subconsciente".

El ego, por lo tanto, no es parte de nuestro Ser, sino que conforma su dermis superficial, aquello que precisamente debe ser superado en el viaje interior hacia el descubrimiento y perfeccionamiento del Ser que estamos llamados a erigir en nombre del Destino. En la cosmovisión liberal donde reina el tirano consumista, el ego campa a sus anchas haciendo a los hombres esclavos de sus propios impulsos subpersonales. Es el mayor y más claro signo de la descomposición civilizatoria: avance de la masificación y desestructuración social lo provocan.

El nihilismo, al negar toda verdad o principio mayor al deseo humano, es el mejor aliado del ego a la hora de debilitarnos bajo la apariencia de una supuesta "liberación". Igual que el liberalismo busca el crecimiento ilimitado, el ego confía igualmente en la posibilidad de seguir expandiéndose para la eternidad. Son dos postulados existenciales, los suyos, contrarios a cualquier conciencia de límite. A cualquier idea de muerte. No hay nada como familiarizarse por la muerte para desmentir al liberalismo y al ego por igual. Invocando al *memento mori* que recuerda a los tiranos (puesto que el ego es, como los defensores del liberalismo, un tirano en potencia) la pequeñez de su potestad, frente al avance imparable del verdadero poder absoluto, el de la muerte, es como les restamos legitimidad relativizando así su fuerza. La enormidad de la civilización moderna, su pulsión titánica que es antes de nada pulsión egóica, encuentra su razón de ser, en ese contexto de admiración por los rascacielos, las grandes producciones, las construcciones colosales o los coches de enormes dimensiones, en la necesidad de tapar el hecho más básico de la vida: que a cada instante nos dirigimos más velozmente camino hacia nuestra propia muerte.

El ego es como una mancha oscura que nos impide ver quiénes somos y a qué estamos llamados en esta vida. Atender al ego es alejarse de lo fundamental: lejos del centro y de la virtud, de la luz y de la verdad, del bien y de la belleza. Todos los días ampliamos la batalla contra el ego afirmando todo aquello que él niega: lo elevado, lo sublime, lo que nos ayuda a ascender hasta las más altas cumbres espirituales. El ego no quiere ver la muerte, pero es capaz de negar, destruir o violentar todo aquello que amamos. Potencia las cualidades más bajas del Ser para confundirnos, y nos obliga a mentir para que tratemos de confundir también a aquellos que pretenden ayudarnos a potenciar lo que en verdad somos. Debemos cortarle la cabeza a la serpiente para poder recuperar el anillo, la doncella, el Grial que reluce entre la más profunda tiniebla y que simboliza el origen sagrado que portamos, muchas veces sin saberlo, en nuestro corazón.

En el estudio de esa "Guerra Santa" o "Gran Guerra interior", Evola analizó de qué forma la "regresión de las castas", el caos social, la ausencia de organicidad en el conjunto de un grupo humano, ha fomentado, por medio de la desestructuración social, el avance de la masificación, el colectivismo, y el individualismo en un ambiente de impersonalidad generalizada donde es más fácil que el ego arraigue. Para tratar de revertirlo traza, en *Metafísica de la guerra*, una auténtica fenomenología de la guerra como método para desintegrar un orden anterior y a cambio crear uno nuevo donde la jerarquía pueda volver a imponerse tanto en el orden social como en el personal.

Para Evola, lo mismo que para Jünger, detrás de toda guerra hay un conflicto espiritual profundo, una lucha metapolítica entre ideas radicalmente opuestas, una batalla teológica en marcha. Desde un punto de vista tradicional, la vida del hombre sobre la tierra es lucha, un combate, una batalla; y la política, una disciplina que estudia la esencia del poder: por eso cuando se pierde en los meandros circunstanciales de la *polis*, se hace necesario volver cuestionar los principios fundamentales bajo la penetrante mirada teológica de la "metapolítica", en contraposición con aquello que Primo Siena llamó "criptopolítica"; esto es, no estamos hablando de una política partidocrática compuesta de variados intereses oligárquicos, sino del fundamento de lo político a través de la dialéctica "amigo-enemigo" y del "decisionismo", tomados ambos conceptos de Carl Schmitt como base para la acción constitutiva del poder.

La guerra no es un medio, sino un fin en sí mismo que permite a la política superar sus escollos y volver hacia los fundamentos metapolíticos en un orden nuevo. La ascesis del hombre moderno puede hallar su hogar en ella: en la "llamada de lo salvaje" que acontece en el sexo, en la guerra, en el arte o en el alpinismo. Para profundizar en la naturaleza de la guerra Evola explora en su libro la relación entre castas e individuos centrándose en la casta heroica indoeuropea, de la que traza una suerte de fenomenología en diferentes culturas: en la Roma imperial, en la *yihad* islámica, en las Cruzadas, en el Ragnarök del Norte mítico y en el texto fundamental del hinduismo. Encuentra en ellos lo mismo que Jünger encontró en la obra de Ludovico Ariosto en el frente: ecos de una noción tradicional de la guerra.

El soldado romano, nos dice Evola, invoca a las fuerzas divinas garantes del éxito militar, esto es, guía su acción bélica por medio del principio mágico de la analogía entre microcosmos y macrocosmos. Basa su acción guerrera, como una obra más, en el fundamento esencial de la *aeternitas*. De la misma forma, el Sacro Imperio Romano conjugaba el elemento romano del *numen* divino, el elemento espiritual de los cruzados y el elemento nórdico de la *mors triumphalis* o "muerte triunfal". En las Cruzadas, epicentro del ideal gibelino, se encuentran el espíritu guerrero del que se apropió una parte muy circunscrita del cristianismo y la ascesis del bautismo de fuego, que hace de toda guerra una guerra de Dios. El motivo suprahumano de los cruzados es un ideal de validez universal que eleva su acción guerrera.

Toda Guerra Santa provoca, al denominarse así, una apertura hacia lo suprarracional e infinito: un abrazo con lo superior. La guerra exterior contra el infiel es apenas un reflejo de la guerra interior contra el infiel. En el diálogo entre Arjuna y Krishna es algo que queda claro: "Considera por igual la felicidad y la aflicción, el ganar y el perder, la victoria y la derrota, y entra en el combate. Cumpliendo así tu deber no entrarás en pecado. Ofréceme toda acción, con la mente centrada en el Sí y libre de toda expectativa y de egoísmo, y entra en el combate sin el tormento de la duda". La acción basada en el conocimiento resplandece frente al pecado de la existencia inauténtica. Orientando al guerrero, con su victoria en el ámbito una vez más de lo interior, más allá del límite terrenal y temporal. En ese sentido, la Gran Guerra que Julius Evola anunció como nadie más en su tiempo todavía sigue viva en nuestros corazones.

Corrían los últimos años de la década de los 30 cuando Jünger se dio cuenta, después de haber sido condecorado por su participación en la Gran Guerra y tras haberse alistado con 18 años en la Legión Extranjera, de que la libertad no consistía en actuar sin rendir cuentas. Se encontraba inmerso en la redacción de una obra maestra en la que latía el mismo talento literario presente en toda su obra previa pero con un importante añadido filosófico: había logrado reconciliar su paganismo de signo agnóstico con el cristianismo.

Los dos protagonistas de su novela *Sobre los acantilados de mármol* (1939) pueden entenderse como las dos personalidades coexistentes en el interior de Jünger, o como una representación del propio autor y de su hermano, Friedrich Georg; en cualquier caso, ellos habían encontrado el camino que Jünger tardaría décadas en terminar de recorrer y que la propia Modernidad -enfangada, aún, en lo "pos" de lo posmoderno- todavía no ha conseguido culminar: la vuelta hacia el tradicionalismo sapiencial a través de un renacer espiritual que religue al hombre moderno con lo trascendente.

Sobre los acantilados de mármol de Ernst Jünger es una de las grandes novelas simbólicas del siglo XX. Se la suele encuadrar en el género alegórico de, por ejemplo, *Rebelión en la granja* (1945), de George Orwell, pero a diferencia de los cerdos comunistas orwellianos, en la novela de Jünger no todo tiene una correlación tan evidente. Novela escrita en 1939 cuando el desengaño de Jünger con el nazismo era irreconciliable, la obra hace alusiones obvias al nazismo pero trasciende dicha circunstancia histórica para establecer un diagnóstico de la Modernidad escrito en el corazón de la misma por alguien que ha recorrido el camino del nihilismo hasta el final y ha vuelto tras comprobar su esterilidad en carne propia.

Jünger presenta un territorio mítico, Marina, a cuya Ermita en ruinas se mudan los dos protagonistas: el narrador en primera persona, trasunto "adaptado" a la ficción del propio Jünger, y su Hermano Othón. Ambos viven entregados de lleno al saber libresco, al estudio de la botánica y a la exploración cazadora de la entomología. Todo ello está trufado -como ocurre en casi toda la narrativa de Jünger- de una fuerte carga sentimental y autobiográfica por parte del autor. Aunque solo sea porque esos intereses de sus protagonistas eran compartidos por el propio Jünger o por la similitud entre Otto, hermano del narrador-protagonista, y su hermano, el poeta Friedrich Georg.

En buena medida parece innegable que en esta obra temprana se encuentra ya el embrión del propio viaje filosófico y personal que realizaría Jünger en lo que le restaba de existencia. Ese espacio idílico al que se trasladan los protagonistas, decíamos, se ve interrumpido con la intromisión de una civilización vecina, Mauretania, comandada por

mano de hierro por una figura tiránica: el Gran Guarda-
bosques. Anillos mágicos, conocimientos ancestrales, un
entorno natural fantástico, personajes secundarios deslum-
brantes y otras localidades míticas como Burgundia sobre-
vuelan la novela constantemente. Sin embargo, no es sólo
una alegoría: es una demostración de cómo esa variante
literaria que conocemos con el distintivo de "novela" también puede dar una respuesta convincente a los grandes
problemas de la condición humana inmarcesible y del
tiempo concreto en que está escrita.

Todo lo que es nace, muere y se renueva. El proceso de lo
vivo es doloroso: su sufrimiento es el fertilizante que permite la transformación. También nuestra civilización,
Europa, se fundó sobre un incomparable texto homérico
referente a la Guerra de Troya. Igual sucede con el propio
trayecto intelectual de Jünger, e incluso el propio itinerario
filosófico de la Modernidad, que se pueden resumir en una
frase del autor: "El orden humano se parece al cosmos en lo
siguiente: para renacer es preciso que se sumerja de vez en
cuando en el fuego".

Si la Modernidad nihilista representa el "fuego", la
Tradición sapiencial representa el "renacer"; Jünger, en
definitiva, era un romántico, un reaccionario y, por supues-
to, un tradicionalista convencido. Los arquetipos que quiso
reconciliar e imitar fueron los del soldado y el monje. Los
propios protagonistas de una novela vienen de una guerra
y marchan, inevitablemente, hacia otra: igual que ocurría

con Europa en 1939. Porque las guerras no se evitan, como piensan ingenuamente los anti-belicistas de todo signo al estilo de Chamberlain; las guerras solo se ganan o se pierden. Para Ernst Jünger, en calidad de ganador de la Cruz de Hierro durante la IGM, la guerra es un evento cósmico sujeto a realidades superiores: "La guerra es un acontecimiento espiritual, un encuentro de fuerzas físicas".

La filosofía de Jünger es el reflejo de un empeño intelectual por superar el pensamiento moderno nihilista, por evitar el dominio de la técnica sobre lo humano, por salvar el conocimiento profundo de nuestros antepasados, y por revertir la "movilización total" o cambio cultural de nuestro tiempo. La vía que Jünger propone es una religiosidad interior, una resistencia íntima que consiste en "emboscarse". Eso es lo que hacen los protagonistas de *Sobre los acantilados de mármol*: vivir emboscados, en calidad de "anarcas". Los protagonistas de la novela proponen la liturgia como una vía de regresión hacia un tiempo previo a la caída de la Modernidad.

Ante una comunidad atomizada y descompuesta, en el marco de un mundo individualista que favorece el egotismo y que aniquila las almas por medio del comercio y del mercado liberal inevitablemente desbocado, Jünger propone volver hacia esos elementos de cohesión comunitarios que sirven de argamasa social precisamente porque trascienden a los hombres y los sobreviven alimentando un saber perenne: lo sacro, la familia tradicional, la religión, los ritos, la esperanza y la oración, los vínculos humanos naturales, el conocimiento de lo circundante, etcétera. En ese sentido, del monje como mitologema se propone heredar el retiro de lo mundano y la meditación constante; mientras que del soldado como mitologema se debe imitar su férrea disciplina y su lealtad a una jerarquía cósmica inquebrantable. Se trata de arrojar luz en la tiniebla; de poner orden en el caos, que para Jordan Peterson es la función definitoria de todo héroe.

A pesar de ser un patriota e incluso un nacionalista alemán, Jünger fue un duro crítico contra el luteranismo y el protestantismo. Es cierto que en su adolescencia se alejó del cristianismo, a causa de la lectura de Darwin y de un nihilismo inicial que después combatiría con dureza. Jamás perdió la fe en lo trascendente: "En algún lugar del universo tiene que imperar el orden, aunque sea tan sólo en la contemplación solitaria". Por eso, algunos apocalípticos y antimodernos, como Julius Evola, le admiraron por ser un crítico de la Modernidad integrado dentro de ella. Otros, como René Guénon, coincidieron en el diagnóstico de los males de la Modernidad: la hegemonía de la técnica, el Reino de la cantidad, el hecho de que vivimos en una Edad Oscura o Kali-Yuga abocado a la colisión; pero no compartieron la solución: Guénon apostó por el islam como última religión "fuerte"; y Jünger, tras estudiar con profundidad todas las religiones, se decantó por el simbolismo de lo católico: por su liturgia, por su oración y por el simbolismo de la Cruz que precisamente Guénon estudió pero que no se atrevió a seguir, a diferencia de Jünger.

Publicado en 1977, *Eumeswil* amplía lo planteado décadas atrás por el autor alemán: "Soy un anarca no porque desdeñe la autoridad sino porque la necesito. Aunque soy un anarca, no soy antiautoritario. Todo lo contrario: necesito la autoridad, aunque no creo en ella". Se trata de una novela alegórica que sigue representando la realidad de la fase final de la Modernidad a través de la distopía y el relato postapocalíptico. Algunos de los más importantes tradicionalistas y antimodernos del siglo XX coincidieron con Jünger en su crítica a la Técnica, por un lado, como nuevo dominio exterior del mundo; y al nihilismo, por otro lado, como subyugación interior de los hombres.

Lo místico, lo mítico y lo simbólico, aquello que se deriva de la voluntad constituye "la casa del ser", un lugar donde "emboscarse" para mejor ofrecer una resistencia espiritual. Indagando acerca del origen: vital, metafísica, y poéticamente. Hay que dejar de "ser vivido" para comenzar a vivir auténticamente: renunciar el flujo para tomar las riendas de la existencia. Sólo hay una forma de resistencia posible en el Mundo Moderno, según Jünger, aquella detentada por "la persona singular soberana". La acción como impulso vital ingobernable e imposible de aniquilar. Una errancia "anarca" sin más patria que el lenguaje y sin más compromiso que el combate: incluso cuando la batalla está del todo perdida.

Jünger y Evola coinciden en el tiempo con la publicación de *Eumeswil* (1977) y de *Cabalgar el tigre* (1961), respectivamente, al trazar un agudo y atrevido diagnóstico sobre la imposibilidad de vencer al Sistema, pero la oportunidad para sobrevivir a dicho Sistema sin acabar por ello pervertido: se trata de estar "emboscado", de "mantenerse en pie en un mundo en ruinas" o de "cabalgar al tigre". La lucha con el dragón es externa, pero sobre todo interna; la *yihad* es con el infiel pero sobre todo es con uno mismo en ese *nosce te ipsum* que otorga sentido a nuestra existencia. Dicho combate es al tiempo temporal y espiritual; horizontal y vertical. Una vez más: la verdadera vía ascética hace confluir en ella acción y contemplación; convierte el castillo en Templo y el interior del hombre en fortaleza.

Escribe Jünger realizando una apología del "anarca" entendido como aquel que sólo busca el autogobierno sin interesarse por el devenir del mundo: "El rebelde se ha comprometido a la resistencia y tiene una intención de participar en la lucha, aunque sin esperanza. Rebelde es aquel que se pone por su naturaleza al servicio de la libertad, relación que le conduce con el tiempo a una revuelta contra el automatismo y a un rechazo a admitir la consecuencia ética, el fatalismo. Al tomarlo así, seremos pronto sorprendidos por el lugar que tiene el recurso a los bosques, en el pensamiento y en la realidad de nuestros años".

En *Sobre los acantilados de mármol*, Jünger escribe: "Nos vamos acercando al misterio escondido en el polvo.

Cualquiera que sea el lugar donde nos encontremos, allí está el anillo puro que nos desposa con la Eternidad". Antes de dar el paso hacia lo trascendente en lo personal, Jünger encontró en lo intelectual la respuesta al enigma de la Modernidad: el camino que devuelve la comunión escindida al hombre con su propio ser; con la comunidad a la que pertenece; con la deidad que le ha engendrado; con el Amor marital hacia el que está destinado; con la guerra en la que ha sido llamado para pelear; con la oración que le ha sido dada para entonar en momentos de desasosiego.

La lectura de los *Diarios* de Léon Bloy, ese autodenominado "peregrino del absoluto", convenció intelectualmente a Jünger de la pureza del cristianismo en su mensaje original al descubrir cómo ambos compartían una dura crítica de la burguesía. Desde una óptica tradicional el liberalismo es, como el comunismo y como el fascismo, una ideología surgida del capitalismo; y, por lo tanto, un mal de la Modernidad e incluso una forma de totalitarismo "blando" o "líquido" que pretende destruir al hombre tradicional, aniquilar su alma, para sustituirlo por "un hombre nuevo" que viva inmerso en la técnica. La apuesta por la oración de Jünger, por el abandono del yo y la renuncia al ego, por el silencio y la meditación en la línea de sus admirados eremitas, le indicaron el camino a seguir: "La oración confirma, más allá del destino individual, el orden del mundo, de ahí que proporcione una seguridad absoluta. En la oración no ha de predominar el ruego, sino la alabanza". En los

Diarios de Jünger publicados en español por la editorial Tusquets bajo dos series: *Radiaciones* y *Pasados los setenta*; se puede seguir de forma discontinua y velada como su conversión al catolicismo se va cimentando. Encontró el Orden que anhelaba en la Palabra de Jesús.

Al final de su vida, Jünger fue investido Doctor Honoris Causa en varias universidades españolas. La Universidad Complutense lo hizo el 19 de octubre de 1989. Después del acto, Jünger se marchó junto a Andrés Sánchez Pascual, su amigo y mejor traductor al español, a Ávila, donde Jünger quedó postrado ante el sepulcro de Santa Teresa de Jesús. Según relató posteriormente Sánchez Pascual creyó percibir en su reacción, en su mirada rebosante de emoción, en su silencio meditabundo, que Jünger acababa de convertirse espiritualmente. Si Jünger albergaba dudas, entonces se disiparon. Sobre la muerte escribió: "La muerte no es una estación final, es más bien un transbordo; se deja el cuerpo atrás como una maleta, tal vez como un equipaje molesto". Y cuando le preguntaron si creía en la existencia de una vida después de la muerte, contestó sin titubear: "No lo creo; lo sé". Su experiencia en la guerra le había otorgado una perspectiva íntima con el misterio de la muerte.

Jünger nació en 1895 y murió en 1998, a la edad de 103 años. Al final de su vida se trasladó a Wilflingen, una ciudad eminentemente católica situada en Alemania. Allí entabló amistad con dos figuras fundamentales en su conversión final: el Padre Kubovec, un sacerdote; y el barón

Von Stauffenberg, un hombre culto y de buena fe. Apenas tres años antes de su muerte, ingresó al catolicismo de la mano del párroco Roland Niebel. Lo hizo en la Iglesia de Sankt Nepomuk, un 26 de septiembre de 1996. Escribe el autor de *La emboscadura* (1951) que "Las catedrales se derrumban, pero en los corazones subsiste un saber, un patrimonio heredado, el cual va socavando los palacios de la tiranía, igual que hicieron las catacumbas". Ese hombre libre que siempre fue Jünger encontró en la entrada al catolicismo en el penúltimo de sus días el mayor acto de coherencia intelectual y de afirmación de la voluntad de trascender un tiempo decadente. Al fin halló la libertad del "anarca".

-AGUSTÍN, San (2006): *La Ciudad de Dios*, Homo Legens.

-ANDERS, Günther (2011): *La obsolescencia del hombre* (T1), Pre-Textos.

-ANDERS, Günther (2011): *La obsolescencia del hombre* (T2), Pre-Textos.

-ARIOSTO, Ludovico (2022): *Orlando furioso*, Austral.

-BAUDELAIRE, Charles (2015): *Las flores del mal*, Austral.

-BENJAMIN, Walter (2005): *Libro de pasajes*, Akal.

-BLOY, Léon (2007): *Diarios*, Acantilado.

-CULIANU, Ioan Petru (2007): *Eros y Magia en el Renacimiento*, Siruela.

-DE BENOIST, Alain (2019): *Contra el liberalismo*, Ediciones Insólitas.

-ELIADE, Mircea (2011): *El mito del eterno retorno*, Alianza.

-ELIOT, T.S. (2022): *La tierra baldía*, Cátedra.

-ELLUL, Jacques (2003): *La edad de la técnica*, Octaedro.

-EVOLA, Julius (2023): *Cabalgar el tigre*, El laberinto.

-EVOLA, Julius (2023): *Camino del cinabrio*, Titania.

-EVOLA, Julius (2023): *Imperialismo pagano*, EAS.

-GUÉNON, René (2018): *El reino de la cantidad y el signo de los tiempos*, Omnia Véritas.

-GUÉNON, René (2022): *La crisis del mundo moderno*, Obelisco.

-HEIDEGGER, Martin (2019): *Cuadernos negros* (v1), Trotta.

-HEIDEGGER, Martin (2019): *Ser y tiempo*, Trotta.

-HERODOTO (2006): *Historia*, Cátedra.

-HOLDERLIN, Friedrich (2022): *Pan y Vino*, Abada.

-JUNG, Carl Gustav (2013): *Mysterium Coniunctionis*, Trotta.

-JUNGER, Ernst (2003): *El corazón aventurero*, Tusquets.

-JUNGER, Ernst (2003): *El trabajador*, Tusquets.

-JUNGER, Ernst (2019): *Eumeswil*, Página indómita.

-JUNGER, Ernst (2016): *Heliópolis*, Página Indómita.

-JUNGER, Ernst (2023): *La emboscadura*, Tusquets.

-JUNGER, Ernst (1996): *La paz*, Tusquets.

-JUNGER, Ernst (2006): *La tijera*, Tusquets.

-JUNGER, Ernst (1998): *Los titanes venideros*, Ediciones Península.

-JUNGER, Ernst (2005): Radiaciones I, Tusquets.

-JUNGER, Ernst (2005): *Radiaciones II*, Tusquets.

-JUNGER, Ernst (2003): *Sobre el dolor*, Tusquets.

-JUNGER, Ernst (1997): *Tempestades de acero*, Tusquets.

-JUNGER, Ernst (2001): *Sobre los acantilados de mármol*, Milenium.

-MAS ARELLANO, Guillermo (2023): *La traición de los europeos*, La tribuna del País Vasco.

-MAS ARELLANO, Guillermo (2024): *Los Deicidas*, SND Editores.

-NIETZSCHE, Friedrich (2011): *Así habló Zaratustra*, Alianza.

-NIETZSCHE, Friedrich (2012): *Más allá del Bien y del Mal*, Alianza.

-PÉREZ, Raúl Andrés (2022): *Ernst Jünger y la emboscadura*, Editorial Manuscritos.

-PORRINI, Sebastián (2021): *Los otros*, Editorial Matrioska.

-SCHUON, Frithjof (1980): *De la unidad trascendente de las religiones*, Olañeta.

-SCHMITT, Carl (2021): *Glossarium*, El Paseo.

-SPENGLER, Oswald (2011): *La decadencia de Occidente* (v1), Austral.

-SPENGLER, Oswald (2011): *La decadencia de Occidente* (v2), Austral.

-YATES, Frances (2023): *Giordano Bruno y la Tradición Hermética*, Erasmus

www.sequitur.es